いつでも「最良」を選べる人になる

後悔しない「選び方」のレッスン

(株)DELICE(デリィス)代表
ワーク＆ライフ エッセンシャリスト
杉浦莉起

Discover

人生は選択の連続である。

ウィリアム・シェイクスピア
（劇作家）

はじめに

突然ですが、
次のページからお伝えする2つのシーンを、
少し想像してみてください。

scene

1 「お悩みさん」の、あるいつもの平日の朝

いつもと同じ時間に起きたら、小雨がしとしとと降っていました。

面倒だなぁ……雨だから、バスが遅れるかも。今日は20分ぐらい早く家を出るほうがいいかな？　いやいや、小雨だから、いつもどおりの時間で大丈夫かしら？

とにもかくにも、今日はいろいろ時間がかかりそうだから、いつもの朝のストレッチをやめて、急いで出かける準備をしなきゃ。

朝ごはんはどうしようかな。パンと野菜ジュース？　でも、卵も食べたい。それともフルーツだけのほうがいいかな？

ヘアスタイルは髪が広がらないようにアップにしようかな。でも、今日は夜に食事に行く約束があるから、顔が小さく見えるダウンスタイルにしようか？

今日の靴は何をはこう？　長靴？　それとも合皮の靴ぐらいでいいかな。

あれこれ迷いながら、刻々と家を出る時間が迫っています……。

scene

2

「選び上手さん」の、あるいつもの平日の朝

いつもと同じ時間に起きたら、小雨がしとしとと降っていました。

この程度の雨だったら、電車もバスも、いつもどおりの時間に家を出れば、何も支障はなさそうね。さあ、いつもの朝のストレッチを開始！

さて、朝ごはんは、フルーツを切る手間が面倒だから、今日は手早くパンと野菜ジュースにしてしまおう。

夜は食事に行く約束があるから、少しフェミニンにしたいな。うん、髪をおろして、サイドアップスタイルでいこう。

雨の日だから、シワになりにくいワンピースにして、雨用パンプスをチョイス。

さあ、鏡で最終チェックもＯＫ。

今日も夜まで楽しみな、ワクワクの１日になりそう♪

す。

いかがでしょうか？

このように、どんな日の、どの瞬間にも、「選ぶ」という行為がたくさん生じていま

冒頭の2つのシーンでは、「お悩みさん」と「選び上手さん」の朝を比較しました。どれを選ぶかで、その日を心地よく、楽しく、充実した1日にもでき、反対に、何か後悔が残る日、何でもない、つまらない1日にもできます。すべては、自分が主導権を握って、どの選択肢を選んだかによって決まります。

また、ひとつの選択が、次の選択を促し、さらにその次の選択につながっていることにお気づきでしょうか。

何を食べるか、何を着るか、どんな道を歩くか。何を話し、誰と過ごすか。上司にいつ報告するか、チームで何時にミーティングをもつのか……毎日起きる日々の岐路は、「選ぶ」の繰り返しです。

こういった毎日の小さな岐路だけではありません。人生の中の大きな岐路である、進学、就職、転職、退職、結婚、出産、離婚、再婚、引っ越し、死に方まで（！）、わたしたちは、選ばなければなりません。

当然、たった1回の選んだ結果が人生を変えることもあります。

たとえば就職や結婚などのライフイベントは、その後の人生に大きな影響を与える選ぶタイミングです。

冒頭のシェイクスピアの言葉が示すとおり、わたしたちの人生は、小さな選択から大きな選択まで「連続した選択の結果」でつくられているのです。

とするならば、毎日のちょっとした選ぶ機会も、人生に影響する大きな選ぶ機会にも、少し意識を変えて選んでみたら？

もしかしたら、それだけで、毎日の気持ちや過ごす時間、人生そのものが、大きく変わるかもしれません。

はじめまして。杉浦莉起《りた》と申します。わたしは現在、企業での研修を始め、企業のダイバーシティ／女性活躍推進のサポートや、女性向け商品のブランディングサポートなどの仕事をしています。難しく聞こえるかもしれませんが、「わたしは幸せ」だと感じられる、思える女性をひとりでも増やす活動を、いろいろな角度から行っている、というと、わかりやすいでしょうか。プライベートでは、2児の母でもあります。

そのような仕事に携わり、特に企業の研修をさせていただく中で、たくさんの女性たちと出会ってきました。年齢も仕事内容もばらばらですが、みなさんから相談をいただくことの多くが、選ぶことの難しさや迷いについてでした。

日々のほんの小さな選択から、仕事とプライベートのバランスのとり方や選び方、キャリアの選択、人生の岐路での選択まで、みな一様に悩み、自信がないことに驚いたものです。

「もっとこうすればよかった……」と自分の選んだ結果を前にいつも後悔するという方もいました。「本当にわたしはベストなものを選んでいるのかな?」と、もやもやとした満たされない思いをつねに抱いていると教えてくださった方や、「選びなさい、決めなさい、と言われてもどうしていいかわからない」と途方に暮れ、未来に対する不安を感じていた方もいます。

仕事もプライベートももっと充実させたいのに、「選ぶことに自信がない」と悩む、そのような多くの声に応えるために、つねに自分にとって「最良」のものを、自分で判断して選びとるためのコツをお伝えしたいと思い、この本を執筆するにいたりました。

そして、何を隠そう、かく言うわたしも、とんでもなく選び下手でした。

レストランでメニューを選ぶのも一苦労。しびれを切らした友人が「じゃあこれにすれば?」と代わりに注文してしまうくらい、まったく「選べない人」だったのです。日々のことから人生の大きなタイミングでの選択まで、いつも「うまく選べるかな」とドキドキして、不安でいっぱいでした。四苦八苦してなんとか選んだ後も、「これでよかったのか」「あっちにしておいたほうがよかったのでは……」などとウジウジ考えたり、後ろ髪を引かれたりしていました。

何より焦りと不安をかき立てたのは、素晴らしい人生の選択をしていく友人たちの存在でした。30歳を過ぎた頃から、仕事を辞めて海外に移住する友人、「30歳までに結婚する!」と宣言して実際に結婚した友人、「やりたいことに挑戦したいの」と独立起業する友人……。彼女たちの新しい門出や新たなステージへの飛躍を祝福するばかりのわたしは、置いてけぼりを食った感じがして、ますます日々のイライラや未来に対する不安を募らせていたのです。

そんなふうに選び下手だったわたしですが、いまでは、スムーズに、すみやかに、迷わずに、選ぶことができます。

わたしが選べるようになったのは、「仕事を通して」選ぶ力を育むことができたからです。

そして身につけた選ぶ力を、プライベートや人生の選択にも応用したところ、いままで選べなかったのがうそのように、日々の小さなことから、人生の大きなことまで、そのときの自分が欲している、自分にとっての「最良のもの」をさくさくと、心から納得して選べるようになりました。

上手な「選び方」は誰も教えてくれない

ところで、これまでの人生で、「選び方」について教えてもらったことが、あるでしょうか。

幼い頃から社会人になるまで、たとえば進路や人生の選択に迷ったとき、「この学校がいいのでは？」とか「この会社よりもこっちの会社のほうがいいんじゃない？」などと個々の選択肢についてのアドバイスをもらうことはあるけれど、「どうすれば選べるか」については、誰も教えてくれませんでした。

多くの人は生まれてから当たり前に「選ぶ」ことをしているので、選べないことを「優柔不断だから」というような、もともとの「性質」のせいにしがちです。だからこそ、あえて「選ぶ力」を培い、身につけるべき「能力」や「たしなみ」としよう！　とは考えてこなかったのでしょう。

けれども、実際は、当たり前にみなが同じレベルで「選ぶ」ことができているわけではありません。

わたしは、選ぶ力を育むことは、スポーツや話し方のトレーニングなどと同じだと思っています。何もしなくてもそれなりにできる（選べる）けれど、理論を知ればぐっとうまくなったり、日々練習すれば上達したり。また、走り方や話し方に「クセ」があるように、知らぬ間に染みついたクセを知り、正しいフォームを学ぶことによって、パフォーマンスがぐっと上がることもあります。

いまわたしたちが学ぶべきことは、「どれを選べばいいか」ではなく、「どうやって自分で判断して選ぶのか」です。

一口に「選ぶ」といっても、それは日常のごく小さなことから、人生全体にかかわる大きなことまで、「選ぶテーマ」は、次のように多岐にわたります。

何を着る？　何をどこで食べる？　何を話す？　何を買う？　誰と過ごす？　週末に何をする？　といった怒濤のように押し寄せる**「日々の選択」**。

食事会の場所選びや手土産選びなどの**「センスが問われる選択」**。

病院選びや仕事の段取り、相談相手選びなどの**「結果に響く選択」**。

習いごとや学校、住む場所選びなどの**「一度決めて、始めてしまったら変えるのが難しい選択」**。

さらには、仕事や転職、結婚や出産などの**「人生の次のステージが変わる、大きなタイミングでの選択」**。


もちろん、テーマによって選択肢は全く違います。

だからこそ、毎日何かを選ぶ機会があるわたしたちにとって、特定の分野や機会に限られたものではなく、いろいろな選ぶ機会に応用・活用できる共通の考え方やルールがあったら安心ですよね。

きっと、もっと、自信をもってラクに選べるようになるはずです。

わたしにとっての「最良」を選びとれる人生を歩もう

この本では、大好きな人と、大好きな仕事と、大好きな時間を手にして、仕事もプライベートももっと素敵に変えながら、明るい未来をつくり、幸せを感じて生きるための、「選ぶ力」の身につけ方にフォーカスしていきます。

目指すは、自分を信じて幸せを選べる、「幸せ上手」な「選び上手」。

ちなみに、本書のタイトルでもある「最良」とは、いつ、誰が見ても「最良《ベスト》」なものを指すのではありません。つねにわたしにとっての「最良」を選べることを目指します。

真に「手に入れたい」「必要とする」「わたしを幸せにする」を満たす、エッセンシャル（本質・重要）を選ぶ・選べることが大切です。

ただ流されるだけ、自信がなく、後悔や不安ばかりの選択下手は卒業です。

前述のように、人それぞれ、さまざまな選ぶ機会がありますが、それらの内容は違っても共通に使える基軸となるものを、わかりやすく、段階ごとに説いていきます。

まず、本書の序章となるSTEP0では、なぜいま、わたしたちが選ぶ力を身につける必要があるのか、少しお話しします。わたしたち女性にとって、大きなチャンスが広がっているいまという時代だからこそ、選ぶことが難しく感じるということを、知っておいてほしいのです。

つづいてSTEP1では、選び上手になるマインドづくりを行います。ご一緒に、「わたしが選ぶ!」と、選ぶことに対して前向きになっていきましょう。いわば選ぶ力を磨くための土台です。

STEP2からは、いよいよ実践的に、選ぶ力を身につけていきます。

この本では、大きく分けて2つの選ぶ力を使います。

ひとつは、STEP2でお伝えする自分の心と感覚をたよりに選ぶ力です。

この心と感覚をたよりに選ぶ力を、わたしは、20代の6年間、プレス(宣伝広報)のお仕事をしていたLVMH(モエ ヘネシー・ルイ ヴィトン)というラグジュアリー・ブランドの会社において養いました。ファッションブランドの広報という仕事では、世界のトップデザイナーやメークアップアーティスト、雑誌の編集長などのさまざまな分野の一流の人たちと、たくさん接する機会がありました。その中で、彼らがつねに自分の感覚を磨き、その感覚をもとにものごとを選ぶ様子に刺激を受け、選び下手のわたしも、まずは彼らを真似てみることからスタートしたのでした。本書ではこの心と感覚をもとに選ぶ力を「エモーショナル選力」と呼んでいます。この力を磨くと、毎日を、ワクワク楽しいものに変えることもできます。

もうひとつは、STEP3でお伝えする、しっかりと思考を使い、自分が納得したうえで選ぶ力です。

ファッション業界を経てP&Gという会社に入社したわたしは、会社とはこんなにも仕事の進め方や考え方が違うものか、とびっくりしたものです。感情やセンスを重視していたファッション業界とは異なり、P&Gで重視されるのは、「戦略性」や「論理力」。マーケティングの学校ともリーダー輩出企業とも評されるP&Gで、数千人の女性の価値観や選択の傾向を、女性向け商品のマーケティング調査などでつぶさに見ながら、どんなときも「論理的に選ぶ力」を、とことん鍛えたのでした。（ちなみに、わたしが人生最大のライフイベントのひとつ、結婚することを選んだのも、結婚できたのも、この力を最大限使い尽くしたからです）本書では、この思考を使い、納得して選ぶ力を「ロジカル選力」と呼んでいます。この力を磨くと、実現力を上げることができます。

ＳＴＥＰ４では、「エモーショナル選力」と「ロジカル選力」のあわせ技である「エモ＋ロジ選力」で、人生の大きな岐路で、上手に、後悔なく選ぶ方法についてお伝えします。この力を磨くと、仕事もプライベートライフも、もっとハッピーにできます。

ＳＴＥＰ５は、失敗を減らす選び方のヒントです。選び方を工夫したり、自分が陥りがちなクセを知ることで、よりスムーズに選ぶコツをお伝えします。ラクに選択の精度を上げましょう。

そして、最後のＳＴＥＰ６では、より自分らしく、幸せに生きることからブレずに選ぶための心のもち方をお伝えします。「わたしらしく生きる」を発揮するヒントです。

人生１００年時代。いままでの常識やルールが大きく変わるであろう未来。

毎日選んだ結果の積み重ねで、わたしたちの人生はつくられます。

この先の不透明な時代を、自分らしく、幸せに生きるために、「幸せ上手な選ぶ力」を一緒に磨きましょう。

いつでも「最良」を選べる人になる
後悔しない「選び方」のレッスン

CONTENTS

STEP 0

いま、わたしたちに「上手に選ぶ力」が必要な理由

STEP

1

「選び上手マインド」のつくり方

STEP 2

毎日をハッピーにしてくれる「エモーショナル選力」の磨き方

STEP 3

迷わない、後悔しない。納得して選ぶ「ロジカル選力」の磨き方

STEP 4

「わたしの幸せ」を実現する「エモ＋ロジ選力」の磨き方

STEP 5 失敗を減らす選び方のヒント

STEP

0

いま、わたしたちに「上手に選ぶ力」が必要な理由

THE CHOICE

01

選ぶか選ばないかで、わたしたちの未来は決まる

ところで、昨日1日で、あなたは何回選びましたか？　紙を1枚用意し、昨日の朝起きたときから、夜寝るときまでに、いくつ、どのような選択をしたか、思い出して書き出してみてください。同じ時間に起きるとか、ハミガキをするなどの当たり前の習慣になっていることも、立派な選択なので、カウントしてくださいね。

さて、いくつの、どのような選択がありましたか？

ある調査によると、わたしたちは、1日に平均70回も選んでいるそうです！（注：2000人以上の平均的なアメリカ人を対象（CEOなど特別な立場の人は除く）に行った調査による。＊1）

では、もしもその70回の「どうする？」と選ぶ機会に、いつもとは違う選択をした

ら？　仮に、すべての機会の選択肢が2択であると考え、選択が連続していると捉えると、2択の70乗で、1日の終わりには、なんと、1,180,591,620,717,411,303,424通りの人生がありえます。（選択肢が3つ以上であれば、その違いはもっと大きくなります）

つまり、いつもとは違うほうを選ぶだけで、1日の終わりには、1,180,591,620,717,411,303,424分の1の、違うわたしの1日、違うわたしの人生があるということなんです。

変わりゆく世の中で、生き方の選択肢はどんどん増えている！

いま、これまでになく、わたしたち女性が選ぶことができる「人生の幅」が大きく広がっていることに、気がついているでしょうか？

少しだけ、日本における「女性の生き方の歴史」を振り返ってみましょう。

これまで女性は、自分の人生を「選ぶ機会」は、ほとんどありませんでした。

たとえば、大河ドラマなどで描かれているように、戦国時代の女性は「お家」のために政略結婚や人質に出され、その家の歩みに身を任せるのが定め。女性は家の中で子を産み育てる役割を求められ、自分のしたいこと（学ぶことも、社会で活躍することも）を主張したり、選んだりするチャンスもありませんでした。

ようやく女性が参政権を得たのが１９４５年のことです。さらに教育においても男女共学が実現。１９８６年に「男女雇用機会均等法」ができたものの、実現にはほど遠いものでした。その後１９９１年に「育児休業法」（１９９５年に「育児介護休業法」と改名）が制定され、仕事と家庭の両立支援や男女の均等推進が進みました。

そして、２０１６年４月に、「女性本人の意思に基づいた働き方ができるような幅広い取り組みを求める」というミッションを掲げての「女性活躍推進法」が施行されました。

女性が、自らの人生について自由に考えて選ぶというチャンスが増えてきたのは、驚くことに、ついこの間のことなのです。

思い起こせば、私が社会人になった90年代でも、女性は、一般職（この時の一般職とは「お茶くみ」を意味していました）で就職して寿退社というのが、ゴールデンルートだと思われていました。通念的に、結婚したら、子どもが生まれたら、女性は仕事を辞めるべきという考えが、男女問わずに、存在していました。すごく失礼なことに、25歳を過ぎても未婚の女性は「売れ残ったクリスマスケーキ」と言われていた時代です。

けれども、現在は、結婚しても仕事を続けることが、ごく当然のこととなりました。夫婦で共働きは、当たり前。「結婚適齢期」という言葉は死語となり、結婚や出産のタイミングも人それぞれ、自分なりのタイミングで選ぶ人が多く、働き方も多様化しています。

つまり、いまは、社会の制度や価値観に、急激な変化が起きているということです。**世の中は、わたしたち女性が、人生も、仕事も、すべて自由に、好きなように、選ぶことを後押ししてくれている、と言ってもよいでしょう。**

どんな人生を選ぼうと自由！　女性にとっては、千載一遇のチャンスなのですが……

わたしが企業の講座などで出会う20代後半～50代の女性たちにお話を聞くと、みな未来に対してとまどい、迷い、不安を感じています。なぜなら、

どのようなライフスタイルを選べばいいか。

どのようなキャリアを考えればいいのか。

その前例がないからです。

これまでは、生き方を選ぶ機会も、生き方の選択肢もなかったのに、一気に、「何でも選んでいい」という自由が押し寄せてきました。

ぜんぶ好きなように選んでいいということは、選ぶことが増え、選ぶタイミングが

増え、選ぶ際にかかわらなければならない人も増えるということです。

過去の参考やモデルもなく、自由に選んだ経験も少ないわたしたちが、たくさんの選ぶ機会、たくさんの選択肢、いろいろなことが絡み合う複雑な選択を、突如として突き付けられているのです。

しかも難しいことに、「結婚したら、子どもができたら仕事を辞めたほうがいいのでは」「家事や育児は女性のほうが得意だから」などといった昔からの通念が全く消え去ったわけではありません。

毎日の掃除、洗濯、買い物、どの食材を選ぶ、どのハミガキ粉を買う、子どもの世話や習いごとの検討、子どもの体調チェック……こういった家族にまつわることにおける選択は、男女平等の社会とはいえ、現在でも、まだまだ女性のほうが多く担っているというのが実情です。現在でも、女性は男性の約3倍家事時間を担っているというデータがあります。（＊2）わたしたちが本当にやりたいことを選ぶとき、そんな古臭い通念との板挟みになり、闘うこともあります。

つまり、女性が何かを選ぶときには、男性よりもずっとエネルギーが必要なときも多いということです。ですから、日々繰り返される「選ぶこと」に疲れてしまうこともあります。

わたしたちは、たくさんの
選ぶ機会に囲まれている

「女性ならではのこと」が選ぶことを難しくする

わたしたちは夢をかなえることを目指したり、仕事においてキャリアを磨いたりすると同時に、「女性ならではのこと」についてもよく考えながら、人生をかたちづくっていかなければならないのが現実です。女性特有のホルモンである「女性ホルモン」が、わたしたちのからだに大きく影響を及し、よって、日常や人生の選択にも、大きく影響しているからです。

女性ホルモンは、女性のからだの健康、心、美のすべてをつかさどっています。妊娠、出産における働きはその最たるもの。それだけにとどまらず、女性ホルモンの変化により、からだにも心にも、「揺らぎ」が出ます。

たとえば、生理前後の生理痛やＰＭＳ症状に悩まされる方は多いでしょう。人によっては、30代後半からプレ更年期症状によるイライラや物忘れ、肩こりやからだの不調に悩まされることも。さらに、エイジングサインが如実に現れてくる更年期は、閉経前後10年間もあります。

心身ともに元気だとさっと選べるようなことも、からだの不調から頭が働かなかったり、不安が大きくなったり、自信がなくなり、選べなかったり、選んだことをまた悩みだしたり……。

つまり、選ぶことそのものを難しく感じることも、多々あるのです。

さらに、結婚、妊娠、出産などのライフイベントをどう選ぶかで、仕事にも生活にも大きな変化が生じます。まず「結婚するか、しないか」から始まり、「子どもをもつか、もたないか」「産んだ後の仕事復帰はいつするのか」「保育園はどうするのか」などというふうに、どれをどう選ぶかについての悩みはつきません。その選択肢は、すべて働き方にかかわってきます。

もちろん男性だって、たくさんの難しい選択の機会と闘っています。

けれども、物理的なからだの変化が激しいわたしたち女性は、人生において、時に何を投げ打ってでもからだを最優先しなければならなかったり、どの道を選ぶか悩んだりするタイミングが多く訪れます。

それゆえ、いまの段階では、男性よりも、選ぶということが、より複雑になりやすいと言えるでしょう。

積極的に選んで 不安な未来を明るい未来に変えよう

わたしたちが生きるいまという時代は、未来予測のしやすい社会のシステムや価値観のある世の中ではなくなりました。時代の変化の波は、これからもっともっと大きくなります。

年金受給年齢が引き上げられ（65歳以上）、それに伴い定年の年齢も引き上げられ（65歳）、わたしたちが働く期間はずいぶん長くなりそうです。本当に年金をもらえるのかという不安もあります。女性の平均寿命は87歳（２０１６年調べ）だけど、健康年齢は74歳（２０１３年調べ）と言われていますから、長生きすればハッピーというわけではないということも、予想がつきます。

さらに、ロボットや人工知能は当たり前。いままでとは、生活スタイルも、働き方も、人とのつながり方も、全く違う世界に突入します。

そんな変化がすぐ身近に迫っていることを、感じているでしょうか？　かく言うわたし自身も、ついこの間まで、「なんだかんだ言っても、そんな変化はずっとずっと後のことよね……」と思っていました。しかしそうではありません。ほんの数年先のこと、と言っても過言ではないでしょう。

ほんの何年かで、電話機は携帯電話へ、そしてスマートフォンへととって代わられ、電話機そのもののシェアが減少しているように、モノそのものや、所有に対する価値観もぐんと変わります。ITの発展のおかげで、いつ、どこにいても、誰とでも、仕事をすることもでき、住まいや働き方に対する価値観も変わります。より自由で明るい未来になる……と言いたいところですが、その反面、世界で競争が激しくなり、日本の未来が揺らぐ可能性もあります。

つまり、「面倒な労働や忙しい時間から解放され、長生きしてもっとやりたいことがたくさんできる素晴らしい未来」という明るいシナリオも描けるけれど、「仕事がなくなり、人との対話が減り、心もからだも疲弊し、孤独な老後生活を送る」という暗いシナリオもありえるということなんです。

このように、生活スタイルが二極化する、つまり格差が広がっていく社会の変化がすぐ身近に迫っています。

二極化する明るい未来と暗い未来を働き方の観点から描いたリンダ・グラットン氏は、著書『ワーク・シフト』（２０１２年、プレジデント社）の中で、「地球規模で下流民か自由民か人生は二極化し、『漫然と迎える未来』には孤独で貧困な人生が待ち受け、

『主体的に選ぶ未来』には自由で創造的な人生がある」と話しています。

つまり、この明暗を分けるのは、積極的に選ぶかどうか。

積極的に選ばなければ、欲しいものや生活を手に入れられないかもしれない。どう生きていくかも、選んでいかなければならない。

いまから求められるのは、ワーク&ライフ・バランスではなく、ワークもライフも、自分なりに選んでいく「ワーク&ライフ・カスタマイズ」です。

わたしたちは、どんな人生を生きるのか。

それを、それぞれが思い描いて、積極的に選んでいかなければ、幸せな人生を手に入れられない、選択格差の時代に突入したのです。

誰でも、いつからでも選ぶ力を磨くことができる

この本の目的は、わたしらしく幸せな人生を生きるために、選ぶ力とは何かを知り、上手に選ぶ力を身につけ、ワーク&ライフをカスタマイズしていくことです。

もっと簡単に言うと、選ぶ力を磨いて、幸せな人生をつくることを目指します。

選ぶ自由を謳歌できるいまだからこそ、わたしたちは積極的に選ばなければならない。

選ぶことに慣れて、選ぶ力を磨いていかなければならない。

選ぶには、本質、上質、わたしたちにとっての「最良」を見抜くことができなければならない。

選ぶことに自信をもって、誰の人生にも必ずやってくる大きな選ぶタイミングにおいても、「選べるわたし」でなければならない。

それが、選択格差時代を乗り切る秘訣です。

そのためには、選ぶことが人生をひらいていくと信じ、その方法を知り、実際にできるようになり、習慣化していくことが必要です。

そして、「選ぶ力磨き」は、すっかり大人になってしまったいまからでも遅くはありません。

選び続けて、どんどん磨きましょう。

さて、冒頭の「70回」という選ぶ機会に、もう一度目を向けてみましょう。

これまで選ぶことを意識せず、なんとなくやり過ごしていたり、選べなくて後回しにしていたり、見て見ぬふりをしたり、積極的に選んでこなかった選ぶ機会を、いつもより意識して、毎日70回、1ヵ月で2100回、1年で2万5550回と、毎日毎日積み重ねれば、1年後の人生は、いまとはだいぶ違っていませんか？

その一つひとつを意識して、選んでいけば、きっと幸せに向かっていくはずです。

ですから、「幸せ上手」になる秘訣は、「選び上手」になることです。

選ぶことがその人の人生をつくるのならば、いまの自分をつくってきたのも、自分が下してきた選択です。

これから先の「わたし」と、「わたしの人生」をつくるのも、選択次第です。

これから先の「わたしの未来」をハッピーにする選択をすればいいのです。

選ぶか選ばないかで差がつく
「選択格差社会」

積極的に選ばなければ、
欲しいものや生活は手に入らない
自ら選んで、楽しみな未来に変えよう

なりたかった自分になるのに
遅すぎるということはない。

ジョージ・エリオット
（作家）

STEP

1

「選び上手マインド」のつくり方

THE CHOICE

02

「わたしが選ぶ」と決める

自分が意識して選ぶか、選ばないかだけで、明るい未来か厳しい未来かに分かれるなら、選ぶ力を磨き、選び上手になることを目指しましょう。

このSTEP1の章では、選び上手になるためのマインドのつくり方についてお伝えします。

わたしたちがまずできること。

それは、選ぶことに前向きになることです。

そして、選ぶことによる効果を信じることです。

選ぶのが苦手、怖い、得意じゃない……できれば選びたくない、誰かに選んでもらいたいという消極的な気持ちを抱えているのであれば、今日から変えてみませんか？

**いつもとは違うものを選べば、
違うわたしに出会える
違う人生が始まる**

わたしの「未来」を
前向きに選びとろう

わたしたち人間は、選べば選ぶほど、幸せが増していく

ここで知っておいてほしいのが、「自ら選ぶだけで、わたしたちは幸せになる」という事実です。

選ぶという行為は人間の本能であり、自分で選ぶと、わたしたちは幸せを感じるということを調べた実験や調査がいくつかありますので、紹介します。

ひとつめは、選ぶときに、脳の中のどこが働いているかについて調べた研究（＊3）です。

選択のタイプによって働く場所はいくつかあるのですが、ひとつには、「大脳辺縁系」があります。大脳辺縁系とは、生物の進化的に古い脳の部位で、「生きていくために必要な本能や感情をつかさどる」機能があります。

つまり、選ぶことは、呼吸をしたり、快・不快を感じたり、食べたり……全人類に備わっている能力であり、誰もが生まれたときから当たり前にできることなのです。

2つめは、「人には、選びたい欲求がある」ということがわかる実験（＊4）です。

生後4ヵ月の乳児を対象に行ったこの実験では、まず乳児の手にひもを結わえ付け、「ひもを引っ張れば心地よい音楽が流れるよ」ということを教えます。その後ひもを外して、ランダムな間隔で音楽を流します。つまり、自分では音楽が流れるタイミングを選べなくなります。すると、赤ちゃんたちは、自分で音楽を鳴らしたときと同じ時間だけ音楽が聴こえているのにもかかわらず、自分でタイミングを選べないことに対して、悲しげな顔をし、腹を立てたのでした。

この実験の結果として「赤ちゃんたちはただ音楽が聴きたかっただけではなく、音楽を聴くかどうかを『自ら選ぶ』ことを欲求している」と報告されています。

つまり、人は、選ぶ能力があるだけでなく、自分で選びたいという欲求を持っているのです。

3つめに、「自分で選んだほうがハッピーだ」ということがわかる実験（＊4）です。

脳には、報酬に反応する神経細胞があります。そこで、ご褒美を与えられたとき（選ばない）と、自分でご褒美を選んだときの反応を調べました。その結果、全く同じご褒美なのに、自分で選んだほうが、より大きな「うれしい」という反応を示す、としています。

そう、わたしたちは、もらうよりも、自分で選ぶほうがハッピーだ、ということがわかったのです。

最後に、「選ぶと幸せになる」ことを証明した、心理学者による実験（＊5）です。

65歳から90歳までの介護施設の入居者をAとBの2グループに分け、どちらのグループの入居者も全く同じように映画を見たり、お花の世話をしたり、部屋の行き来ができたりし、看護師も同じように世話をします。

しかし、Aグループには「月曜日は映画の日です」と決定事項として伝え、Bグループには「月曜日は映画を見ることもできます」と選べる事項として伝えます。つまり、AとBの違いは、「自分で選んでいると思うかどうか」の意識の違いだけです。

3週間後の調査で、「選べない」Aグループは、70％以上の健康状態の悪化が見られました。一方、「選べる」Bグループの入居者はAグループより満足度が高く、生き生きとしていて、他の入居者との交流も盛んで、90％以上の入居者の健康状態が改善しました。さらに6ヵ月後の調査では、Bグループの入居者のほうが死亡率が低かったことも判明しました。

いかがでしたか？　つまり、どんな人にも、選ぶ才能があるということです。

わたしたちは、どんどん選んでいいということ。

選べば選ぶほど、ワクワクして、ご褒美をもらったようにうれしくて、健康になって、幸せに暮らしていけるのですから。

THE CHOICE

03

わたしの人生のオーナーになる

選び上手で生きるコツ②

本書のP9で、じつはわたしは選ぶのが苦手で、選び下手だったというお話をしました。わたしは小さい頃から「何が食べたい?」「どれがいい?」と聞かれても、答えはいつも「何でもいい」。全く選ぶことができませんでした。だって、本当にどれでもよかったから。

そんなわたしですが、いまでは、選ぶことに躊躇することはほとんどなく、自分自身や仕事、自社の方針についての選択はもちろんのこと、コンサルタント業務を請け負っている企業の戦略における選択アドバイスや、家族の分の選択までしています。

じつは、選ぶことに躊躇しなくなったきっかけは、仕事で素晴らしい選択をしたという成功体験や学びからではなく、選ぶことに対するある「気づき」からでした。

「わたしだけ選べない」「誰かのせいで選べない」を卒業しよう

選ぶことが苦手で、選べなかったわたしは、自分ではできるだけ選びたくない一方で、人一倍「選ぶこと」に敏感でした。

人生で初めて「選ぶこと」を意識し始めたのは、幼稚園のときのこと。「将来、何になりたい？」と聞かれ、すらすらと「ケーキ屋さん」「電車の運転士さん」などと答えられる友だちを見て、選べない自分は「できない子」の烙印が押されたように感じたものです。選ぶことはわたしにとって、苦手どころか苦痛。恐怖の行為として、殊更に意識するようになりました。

そしてもうひとつ、わたしが「選ぶ」という行為を重くとらえていたのは、中学のときに突然両親から下された「選択独り立ち宣言」が理由でした。

わたしの両親は、「子育ては自由放任主義」を自認し、口うるさく言うタイプではありませんでした。そして中学に入学した途端、その子育て方針の実証とばかりに、母から「これからは自分で考えて決めなさい。あなたの意思を尊重します。その代わり、自分で選んだことは自分で責任をとりなさい」と言われたのです。

天から降ってきたような「自由に選べる」という権利を手にしたわたしは、途方に暮れました。中学生のわたしが、自分の責任、人生の責任をとるって？？？　迷い、悩んだわたしがどのような行動をとったかというと、無意識のうちに、両親が反対しないこと、同意しやすいことを選ぶようになったのです。

それに気がついたのは、20代前半に、結婚を考えていた人との恋愛を大反対され、親と大げんかしたときです。親は、わたしの選択をすべて受け入れてくれると信じていたのに。実際は、わたしが「両親に受け入れられる」ように選んでいたのでした。

これをきっかけに、これまで自分の選んできたものは、両親、とくに母が望んでいた「よい子」「自慢できる子」であるためのものだったと考えるようになりました。

さらに、わたしがいじめられっこだったのも、こんなに仕事が大変なのも、結婚できないのも、ぜんぶ親が望むように選んできたせい……というふうに、親に対する反発と、自分の人生そのものへの疑念が生まれ、それまで下してきた選択も、自分自身をも、肯定できなくなりました。

そうすると、もう「選べない貧民スパイラル」です。進学や就職、転職、恋愛や友人付き合いなど、これまで選んできたことの中には、よいこともたくさんあったはずなのに、いつも心のどこかで自信がなく、損しているような気持ちになっていました。

自分だけが幸せでないような、そんな満たされない思いでいっぱい。幸せを感じられない貧民です。

そして30代前半。過度の仕事の忙しさによりからだを壊し、仕事を休み、長期の療養が必要になってしまいました。結婚もしていない、親にも頼れない、唯一のよりどころの仕事も失ったら、わたしはどうやって生きていけばいいの……。さらにどん底に落ちていったのです。

ところが、そんな地の底からわたしを救い出したのは、「選ぶこと」に関する気づきでした。どん底に落ちたとき、ふと思ったのです。

いまあるわたしの人生は、すべてわたしが選んできた結果なんだ、と。

母の望むような人生を選んできたのは、わたし自身なのだ、と。

母にも、誰にも「これを選ぶべきだ」と強要されたわけではありませんでしたし、反対されても違う意思を貫き通すことも、あえて従わないという選択肢もありました。

そう、期待に応えたのは、わたし自身が選んだことに他ありません。たとえそれが無意識に選んだことだったとしても。母への信頼と愛情が、わたしにそういう選択をさせたのです。

そう思えたときから、誰やそれや運命や何やかんやのせいにして逃げていたという事実と向き合い、「いままでの人生はわたしが選んだ結果であり、すべてはわたしの責任だ」と認めることができました。初めて、これまでの人生の選択のすべてを、そのまま受け入れられたのです。

そこから先のわたしの人生はガラリと変わりました。

これまでの人生がわたしが選んだことによるのならば、これからの人生も、わたしが選べばいい。そう未来がひらけたような気がしたのです。と同時に、仕事だけではなく、もっと人生や生活そのものを大切にしよう、と意識を変えました。

わたしの人生は、わたしのもの

P10で、わたしが選ぶ力を磨いたのは仕事をとおしてであると、お話ししました。となると、仕事をしている女性はみな迷わずに選べるのかというと、残念ながらそうではない、というのが事実です。どれだけ仕事にエネルギーを費やし、日常的に合理的な判断や決断を下していても、自分自身や人生、生活に関することになると、「プライベートにまで頭を使いたくない」と、ぷっつりスイッチオフにしてしまうことが非常

に多いように感じます。これは、過去のわたしを始め、研修などをとおして出会った多くの働く女性に見受けられる現象です

足りないのは、自分の人生に対する「オーナーシップ」です。

オーナーシップとは、所有者、当事者意識のこと。

「わたしの人生は、わたしのもの」という意識を、いまこそもちましょう。

自分だけが、自分の人生の主。責任者であり、所有者です。

仕事は代わりがいくらでもいます。チームで進めていくこともできます。

しかし、自分の人生は、誰が代わりに生きてくれるのでしょう？

もちろん、助けてくれる人、協力してくれる人、一緒に歩んでくれる人、人生に深くかかわってくれる人もいます。しかし、かかわるだけです。人生そのものを生きるわけではありません。

「わたしの人生」を生きるのは、わたしだけ。

「わたし」以上に「わたしの人生」を真剣に考えてくれる人はいないのです。

だから、仕事以上に真剣に、丁寧に、自分が手に入れたい望む幸せに向かって、自分の人生を選びましょう。人生のオーナーとして、何よりも「わたしの人生」を大切に扱い、責任をもって営んでいきましょう。

THE CHOICE

04

選び上手で生きるコツ❸

わたしを幸せにするために、わたしの人生のリーダーになる

前項で、オーナーとして、「わたしの人生」に対して責任をもつと決めました。

それならば、今度は誰が「わたし」を幸せにしてくれるでしょうか？

その答えも、もちろん、「わたし」です。

P46で紹介した介護施設で自ら選ぶと幸せになるということを証明した実験について、『選択の科学』（2010年、文藝春秋）の著者シーナ・アイエンガー氏は、この研究が教えてくれることとして、次のように評価しています。

「たとえささいな選択であっても、頻繁に行うことで『自分で環境をコントロールしている』という意識を意外なほど高めることができる」

「わたしたちが選択と呼んでいるものは、自分自身や自分の置かれた環境を、自分の

力で変える能力のことだ」


選ぶことは、よりよく変えることです。

選ぶことは、よりよく変わることです。

積極的に選ぶという行動は、いまいる場所をもっと心地よく、未来をもっと素敵な場所にする力があります。

いまから、環境のせい、過去のせい、誰かのせい、運のせいにすることを、終えましょう。

その代わり、変えられることは積極的に。

すぐに変えられないことは、より上手にやるというふうに、頭を切り替えるのです。

じつはこれは、「リーダーシップ」行動の第一歩です。リーダーシップという言葉を耳にすると、先頭に立って人を引っ張る、旗振り役になるといった行動を想像し、「わたしには無理」と躊躇してしまう人も多いのですが、ここでわたしがお伝えするリーダーシップの定義は、「影響力行動」です。つまり、成果や成長に影響する、あるいは貢献する行動をとることこそ、リーダーシップをとることなのです。

そう考えると、まさに、選ぶという行動は、日々の、そして人生のあらゆることに影響していると言えます。

「わたしの人生」の一番の影響力者になろう

「わたしの人生」の一番の影響力者、つまりリーダーは、「わたし」です。たとえば、結婚という大きなライフイベントについて考えるときも、「わたしの人生のリーダーはわたしである」という姿勢は重要です。

これは、わたし自身の例でお話ししましょう。わたしが「仕事よりプライベートが大切だ！」と、自分の人生の幸せについて考え直したとき、「老後に独りで暮らすのが怖いので、それを避けるためには結婚するしかない」という理由で結婚を選ぶことを決めました。

それまでは、結婚というものに対して、「結婚できたらいいなあ」「誰かイイ人が出てきて、わたしを幸せにしてくれないかしら？」というふうに、どこか他力本願でした。けれども、この決意以降は、「愛する人と生きていく」「結婚して幸せになる」と、「わたしだけが、わたしの人生を幸せにするリーダーなんだ」という意識に変えたのです。

ということで、結婚活動にいそしむことにしたのですが、毎日合コンに行っても電話番号さえ聞かれない、モテないわたし……。この状況を打破すべく、さらに行動を変えました。相手の行動を待つ姿勢から、「実現しよう」という目標達成意識に変えて、本書のSTEP3でお伝えする「ロジカル選力」を使い、出会いの場の選定から、相手の選択肢をしぼりこみました。その結果、彼もいないのに「結婚する」と宣言した8ヵ月後に婚姻届けを出しました。その選択から12年、幸せな結婚生活を選択し続け、継続しています（笑）

さらに、わたしの講座を受けていたある女性の例も紹介します。

その女性は、これまでは、真面目に、一生懸命仕事に取り組んでいれば、報われると信じていたそうです。「30歳までに結婚したい」「いまの経験を活かして独立したい」という密かな夢を抱いていた彼女ですが、周囲の人にその話をすると、決まって「いま目の前のことを一人前にできないで、結婚も独立もだなんて」と言われたそう。だから、その言葉を信じて、ひたすら仕事に打ち込んでいたのでした。

けれども、ある日、「わたしが、わたしの人生のリーダーである」「積極的に選ぶ」という意識に変えて、すべてが変わりました。自分で選ぶ重要性に、気がついたのです。

目の前のことをひたすら頑張っていても、何かが起きるのを待っていても、チャンスはやってこない。自分が選んで進まなければ、そのチャンスさえやってこないのだと。そう思ってすぐに、結婚相談所に行き、仕事の独立の準備も始めました。

彼女はその7ヵ月後に結婚しました。と同時に、いままでの経験を活かした大好きな仕事で独立し、すぐに食べていけるほど稼げるようになったのです。リーダーシップの意識を変えただけで、人生が一気に動き出したのでした。

「自分をもっと幸せにしてあげればよかった」とは、人生の最期のときを迎える人が口にする、後悔の言葉だそうです。

自分を幸せにするために、何を選びますか？

変える力を一番もっているのは自分です。

自分の人生、日々の生活、仕事をよりよくするために、意識して積極的に選びましょう。

リーダーシップ力を発揮して、「わたし」を幸せにしましょう。

「わたしの人生」は わたしのもの

どちらを選ぶのも わたし

主導権をもち、選ぶわたし

巻き込まれるわたし

わたしの人生のオーナーになろう
わたしを幸せに導くリーダーになろう
わたしを幸せにできるのは、「わたし」だけ

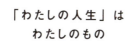

THE CHOICE

05

どんなときも忘れたくない選び上手マインド❶

わたしは何が欲しいの？ つねに「目的」に立ち返る

何かを選ぶときは、何らかの手にしたいものがあるはずです。手にしたいもの、手にしたい感情、手にしたい時間、手にしたい情報、手にしたい人、手にしたい富……。自分は何が欲しいのか？ なぜ欲しいのか？ それは必要なのか？ それがあるとどんなよいことがあって、なかったらどんな不都合があるのか？

このような質問を投げかけてみて、「わたしは何が欲しいのか＝目的」をはっきりさせましょう。これこそ「選び上手マインド」の基本中の基本です。

目的がはっきりしていれば、何を選べばいいか、8割が決まったようなものです。

ごく簡単な例を挙げてみましょう。

あなたが、ふと「カフェに入りたいな」と思ったとします。そこで、カフェに入る目的、つまり「わたしは何が欲しいのか」について考えます。

営業で歩き疲れたため、一刻も早くからだを休めたいのでしょうか？　読めていなかった本を読み、ゆっくり時間を過ごしたいのでしょうか？　美味しいコーヒーとケーキを食べたいのでしょうか？　空き時間にパソコンを使って仕事をしたいのでしょうか？　手帳やノートに書き込みながら、今後の予定を考えたいのでしょうか？

こういった「目的」をはっきりさせないまま、なんとなく目の前のカフェに入ってしまうと、何か満たされないような、お金も時間も損したような気分になるものです。

けれども、目的がわかっていれば、携帯電話でカフェを数件検索したり、歩きながら目に入ったいくつかのカフェから目的に合うものを選ぶことができます。

「選び上手マインド」をつねにもつコツは、この「わたしは何が欲しいのか」からブレないことです。目的が満たされれば、どれを選ぶかは重要ではありません。

目的を満たすことが、本質です。

これから先、選ぶまでの道のりで、迷い悩んでも、目的がしっかりとしていれば、選ぶまでの道は続いていくはずです。

THE CHOICE

06

「よい選択肢」をつくる意識をもつ

「選び上手マインド」として、インストールしておきたい大切なこと。

それは、つねに「よい選択肢」をもつことです。

よい結果を選べるかどうかは、じつは、選ぶ前に決まっています。

つまり、よい選択肢をそろえられれば、よい選択肢ばかりなら、どれに決めてもいいわけです。


これは、ある経営者の友人から教えてもらった考え方です。彼は、次のように言いました。

「もちろんいつもうまくいくわけじゃない。そんなとき、こう考える。

もっとよい選択肢を考えればいい、って。

その選択をしてしまった決断を否定してしまうと、なんでそんな決断を、なんで僕は……と、どんどん自己否定に向かうけれど、選択肢がよくなかった、だからもっとよい選択肢を考えればいいと思うと、新たな選択ができる。

そもそも、よい選択肢ばかりもっていたら、決断に迷うこともない。

だって、どれを選んでも、うまくいくのだから。だから僕は、つねによい選択肢をもつことを意識しているし、うまくいかなかったら、もっとよい選択肢をもとうと考えるんだ」

まさに、そのとおりですよね。それ以来わたし自身も、日々「よい選択肢をもつ」ことを意識して過ごしています。

たとえば、次のような悩みで、一歩踏み出せないと悩む声をよく聞きます。

「仕事を辞めて留学したいと思ってはいるけれど、もう30代だし、仕事を辞めるのが怖い。あまり夢ばかり追っていられないよね」

「いまの職場は、わたしらしくいられない。かといって、この年齢で転職もできない……」

「やりたいことがないわけじゃない。でもいきなりやる自信がなくて……。いまの生活はキープしたいから」

「もっと仕事で活躍して、上を目指してほしいと言われるけれど、結婚したばかりだし、出産のタイミングを考えると、迷います」

このように、新しい道に踏み出せない理由を「決断できない私」という文脈で語ります。

確かに、いきなり大きな変化を決断するには、勇気が必要です。

だからこそ、「選択肢」に目を向けてみてはどうでしょう?

わたしたちは、いつもゼロか1かの選択にしすぎる傾向があります。

たとえば、仕事で活躍し、上を目指すと、「出産できる or できない」の二択しか残らないのでしょうか。「わたしらしくいたい」ならば、「いまの会社を辞める or 転職」の他にも選択肢はあるように思いますし、留学を実現するために、よい選択肢をつくることもできそうです。

いま目の前にあるものを、選ぶか選ばないかだけが、選択肢であるとは限りません。

目の前にある選択肢を、一生懸命に選ぶかどうか悩んでも、それがよい選択肢でなかったら、無駄ということです。

まず、「わたしは何が欲しいのか＝目的」をじっくり考えて、その目的を叶えてくれる、自分にとっての「最良」を満たす選択肢を丁寧につくりだすことのほうが大切です。

いま目の前のものを、選びとるかどうかの、決断にあらず。

だから、決断に自信がなくても、大丈夫です。

つねに、よい選択肢をつくるというマインドを磨いていきましょう。

THE CHOICE

07

「いつまでに選ぶ」と「締め切り」を設定する

では、最後の忘れたくない「選び上手マインド」についてお伝えしましょう。どんなときも、どのような選ぶテーマであっても、「いつまでに選ぶ」と、期限や締切日を設けるようにしましょう。

選ぶことは、行動です。

ただ頭の中で、「これにしよう」と決めるだけでは、選ぶことにはなりません。

しかし、わたしたちは、行動が大事と知っていながら、ずるずると先延ばしにしたり、後回しにしたりする、弱い生き物です。

ここで質問です。

あなたは、夏休みの宿題を、夏休みのはじめにすべて仕上げるタイプでしたか？

夏休み中の段取りを決めて、そのとおりのペース配分で最後まで仕上げるタイプでしたか？

途中までちゃんとやりつつも、結局最後に慌てて仕上げるタイプでしたか？

はじめから「最後の日にすればいいや」とギリギリまでとっておいて仕上げるタイプでしたか？

この質問の、どの行動のタイプが正しいというわけではありません。どのタイプであっても、ＯＫなのです。なぜなら、ちゃんと締め切りを守って行動したことに、変わりないから。

人は、締切日が明確だと、その日までにどうにかやり遂げるもの。

つまり、「いつまでに」と締切日を設定すれば、きちんと選べるようになるというわけです。

ただし難しいことに、日々や人生において、夏休みの宿題のように、誰かが決めてくれたわかりやすい締切日があるとは限りません。そのため、わたしたちの選ぶ行動をためらわせます。選ぶテーマによっては「もう少し待ったほうがいいかも？」「いまを逃すともうない？」などと選ぶタイミングに悩んだり、「もう少ししてから選ぼう」「そのうちに選ぼう」などとただ先延ばしにすることもあります。

そこで、「いま、ここで選ぶべきだ」というタイミングを把握するには、次の3つを目安にしましょう。

1 いま選ばなければ次の予定に響く可能性があるとき

逆算のスケジュールを立てます。最終的に得たいものにたどり着くまでのステップを段取りして、それぞれの予定に影響がないように「必ずここまでに選ぶ」とステップごとに締切日を設定して、守ります。

ひとつずれ込むと、その後も全部ずれ込み、結果的に、欲しい成果が得られないからです。

たとえば、ある習いごとを始めたいなら、入会日までに申し込みができるよう、1週間前までに体験して、さらにその1、2週間前に体験の申し込みをして……という具合です。

2 いま選ばなければ、ものごとがより悪くなるなら

時間が経つことでもっと悪化するならば、いま選ばなければなりません。

これは危機管理の意識です。マイナスのことは、置いておいてもいいことはありません。事態が悪くなればなるほど「もっと早くに対応しておけばよかった」となります。

たとえば、からだのこと。調子が悪いかなと思っても、忙しさにかまけたり、「何か悪いものが見つかったらどうしよう」という恐怖で先延ばしにしがちです。

しかし、1年後に病院に行って何らかの病気が見つかるほうが怖いですよね。すぐに病院に行って、何もないことがわかれば安心できますし、あるいは病気があっても早期発見できるほうがその後の未来もよいものになります。

時間が経過するごとに状況が悪くなる、質が落ちる、関係が悪くなるようなことは、先延ばしにせずに、早め早めに選択しましょう。

3 これ以上待っても新しいニュースはないなら、いま選ぶ

これから先、新しい情報や状況が入ってこないならば、いま選んでも、先に延ばしても、選んだ後の結果に変わりはありません。

それならば、先に延ばすだけ時間の無駄ですから、いま選びましょう。

たとえば、炊飯器を買い替えようと思って、AかBがいいとは思うけれど、決め手に欠けると思ったら、次の新製品が出る数カ月か半年か1年後か、それまで待つとい

う選択ができます。しかし、もしも炊飯器が壊れて今日明日にでも必要な状況で、明日新製品が出ないのであれば、今日選ぶのも明日選ぶのも同じです。

プライベートでも、ライフイベントでも、そして仕事においても、締め切りを設定することで、タイミングを外さずに選ぶことができれば、得たいものを確実に選びとることができ、結果的に、幸せな人生を実現しやすくなります。

先に進んでいくこともできます。

「いつか選べばいい」ではなく、タイムリーに選ぶ。

さあ、最後の選び上手マインドを、インストールしておきましょう。

どんなときも 3つの「選び上手マインド」を 忘れずに選ぼう

1 「わたしは何が欲しいの?」
つねに目的に立ち返ろう

2 つねに「よい選択肢」をつくろう
選択肢が素晴らしければ、
どれを選んでも結果はよいはず

3 タイムリーに選ぼう!
締切日を設けて
タイミングを外さないこと

チャンスではなく、チョイス（選択）が
人間の運命を決める。

バルタザール・グラシアン
（哲学者・神学者）

STEP

2

毎日をハッピーにしてくれる「エモーショナル選力」の磨き方

THE CHOICE

08

「心」と「感覚」を解放してエモーショナルに選ぼう

さあ、前章のSTEP1までで、選び上手になるマインドがインストールされました。

いよいよここからは、実践編です。

まず最初に、全人類が生まれたときからもっている「本能としての選ぶ力」を磨いていきましょう。

P44で、選ぶときに脳の中のどの部位が働いているかを調べた研究で、「大脳辺縁系」という「生きていくために必要な本能や感情をつかさどる機能」が働いているということをお伝えしましたよね。

この大脳辺縁系の大きな役割は、「情動」です。つまり、やる気や怒り、喜び、悲しみなどの快・不快の感情をつかさどります。ということは、論理的でなく衝動的に選ぶ行動、個人の好き嫌いによる選ぶ行動は、この大脳辺縁系が行っているということ。よく「喜怒哀楽などの感情や感性よりも、論理的であることのほうが大切だ！」というふうに考えたり、行動したりするように言われることがあります。けれども、大脳辺縁系に損傷を受けた人は、うまく日常の意思決定ができないということも、研究でわかっています。

国立精神・神経センター神経研究所の本田学氏も、インタビューでこんなことを言っています。

「高等動物において判断の決め手の1つになるのが、『情動』の働きで、これは進化的に古い脳である脳幹部分で発生すると考えられます。それが大脳辺縁系で増幅され、喜怒哀楽のように自覚できる『感情』となります。『理性』は、情動や感情に直線的に支配された行動が成就しがたい時、『急がばまわれ』の言葉通り、それにネガティブなフィードバックをかけて成功性を高める機能を持っています。従って、『理性』といえど感情と同様にあくまでも情動の補助回路だといえます。（中略）生物学的な観点で見ると、感性とは生物が生存していくために、欠かせない要素であるといえます」

（『CATALYZER』4号）

また、「感覚」という機能も大切です。わたしたち人間は、五感を通して体内外の情報を脳に送っています。それらの情報は、生物が生命を維持するために「快・不快」という尺度で、有害か無害かを判断し、からだにフィードバックされます。つまり五感は、生きるための基本作用なのです。

少し話が難しくなりましたが、お伝えしたいのは、上手に選ぶには、感情や感性、感覚こそ、最も重要な能力と言っても言い過ぎではない、ということです。

このSTEP2で身につけたい選ぶ力は、心（感情、感性）と感覚をしっかり働かせて、エモーショナルに選ぶ力です。

それをわたしは、「エモーショナル選力」「エモ選力」と呼んでいます。

生きる上で欠かせない、心と感覚を意識しながら使うことで、選ぶ力を磨いていきましょう。

エモーショナル選力を使って選べば、誰でも、すぐに、日々の「幸せ」につながる快適な選択ができるようになります。

このエモーショナル選力は、基本的には、日常の中のちょっとしたことや、個人的でささいなことを選ぶときに活用しましょう。

もちろんこの力は、時に、生きる力の結晶のようなパワフルさを発揮して、人生を導いてくれるかもしれません。

でも、人生の大きなタイミングにおいて、このエモーショナル選力だけを使って選ぶのは、少し危険です。長期的であったり、複雑な事情が絡み合ったり、いろいろな人にかかわったりする影響力の大きい選択には、STEP3でお伝えする、論理的に考えて納得して選ぶ力を使います。

THE CHOICE

09

エモーショナル選力❶「感情の掘り起こし」

わたしの中の「好き」を探して、高めて、選ぼう

上手に選ぶための初級としてまず磨きたいのが、自分の中の「好き」を高めて、それを軸に選ぶ「エモーショナル選力」です。

ところであなたは、自分の「好き」を知っていますか？

自分の「好き」に対して、素直でいられますか？

自分の好きなこと・ものを10秒以内にいくつ挙げられるでしょう？

じつは、自分が好きなものや好きなことを、知っている、感じられるという人は、案外少ないものです。

大人になり、経験や知識が増えてくるにつれて、それらをもとに「考える」ことが

増えてきます。そうすると、何かを「好き」「いいな」と衝動的に思う前に、頭が働いて、「でも、健康に悪そう」「でも、高そう」「でも……」とマイナス要素を見つけてしまったり、批判的に考えたり、理屈を求めたり……。

日ごろから「考える」ことに慣れているわたしたちは、じつは「好き」か「嫌い」かという根源的な感情に対して、鈍感になっているのかもしれません。

わたしが選び下手だった一番の理由も、この「好きなものがあまりない」ことでした。

スーパーネガティブだったわたしは、辛かったことや苦痛だったことはすぐに浮かぶし、覚えているのに、好きなことや楽しいことは瞬時に思いつくことができませんでした。就職活動をするときに、履歴書に「これまで心に残った楽しいこと・うれしかったこと」を書く欄があるのを見て、何も思いつかない自分に愕然としたものです。

学生時代は仲のよい友人もいたし、フランス留学までした経験もあったのに……。

そんな「好きなものがわからない」わたしでしたが、いまのわたしは、瞬時に好きなものや好きなことを選ぶことができています。

そう、いつからでも、「好き」という感覚を養い、育てることはできるのです！

わたしが「好き」という感覚を育んだのは、LVMH（モエヘネシー・ルイヴィトン）グループのファッションブランド「CELINE」で宣伝広報の仕事をしていたときです。

当時のわたしは、20代前半の何にもできない若造だったにもかかわらず、突然世界で活躍するトップデザイナーやメイクアップアーティスト、スタイリストやカメラマン、雑誌の編集長などの「一流の感性」をもつファッション界のプロたちと仕事をしなければならないという状況に置かれました。

感性のアンテナのかたまりのような彼らの中で、ひとり「好き」感覚がわからないわたしがいる……。当然、自分の感性を鍛え、「好き」という感覚を掘り起こさざるをえませんでした。

わたしが実践した自分の「好き」を育てる方法は、次の2つです。

ひとつは、「好奇心のアンテナ力」を磨く方法。

もうひとつは、何でも「キャピ！」と反応し感動する「キャピモード」を養う方法です。

触れる情報を増やし、「好奇心のアンテナ力」磨こう

ひとつめの「好奇心のアンテナ力」を磨く方法についてお話ししてまいりましょう。

前述のファッションのプロである彼らの好奇心の幅は、とにかく広い。ファッションのプロたちだからファッションの話を突き詰めている……のではなく、食やアート、建築、ゲーム、注目の人、街などの文化、政治、ボランティアなどの社会活動まで、じつにさまざまなジャンルの上質なもの、面白いもの、新しいもの、古き良きものに敏感で、情報収集や交換に余念がありませんでした。

右も左もわからないわたしは、少しでも彼らの話についていくため、テレビや新聞でニュースや時事問題をチェックしたり、よさそうな雑誌から使える情報をピックアップしたり、美術館や博物館、デパートに足を運んだり、いろいろな街に出かけてみたり、電車やカフェで隣に座った人の会話に耳をそばだてたり……。外部情報をキャッチするために、情報感度を上げるのに必死でした。

そうやって、たくさんの情報に触れていくにつれて、だんだん「これいいな」「これ好きだな」「行ってみたいな」「欲しいな」などというふうに、自分の中から「好き」

という感覚や「欲」が湧き出てきたのです。好きなものがなかったわたしから、「好き」が湧き出てきたことに、驚きました。

こうして、自分の「好き」がわかると、さらに進化して、「好きなパターーン」も見えてきます。そうすると、もうしめたもの。後述しますが、好きなもののリストやパターンなどの自分の「好き」の定番が選ぶときの軸となり、瞬時に選べるようになります。

感情を声に出して表現する「キャピモード」を習慣にしてみよう

次に、「キャピモード」についてお伝えしていきましょう。

よいものを見つけたり、素敵だなと思ったら、じっくり味わう……のではなく、キャピッと「わっ、素敵〜」と言ってみてください。このとき、大げさなぐらい、手やからだの動きをつけてみて。騙されたと思って（笑）、恥ずかしがらずに！

どうでしょう？　テンションが上がりませんか？

なんだか、ワクワクしてきませんか？

じつはこれも、ファッションのプロである彼らから学んだ、感覚をどんどん鋭くさせていく秘訣。彼らは、キャピッと、自分の感じる「好き」「素敵」「すばらしい」を伝え合うのが、とても上手でした。たとえば、撮影所で朝から晩まで一緒に過ごすとき。朝一番にモデルさんが撮影用の服を着た姿を見て、口々に「キャーかわいい！」「この○○が素敵！」と褒める。モデルさんがメイクをしたら、「この肌感、絶妙！　キレイ！」と感想を言い合う。写真を1枚撮れば、「いいね！」「この表情がぞくっとする！」というふうに、口々に自分の感覚を口に出す。

撮影の合間には、「見てみて。このキーホルダーの手触りが、すごく気持ちいいの」「このチョコすっごく美味しい！」「このあいだの雑誌に載ってたお店、行ってみたい！」「よく雑誌に出ている○○さんって、どんな人？　やっぱり素敵よね」などという具合に、朝から夜まで、キャピキャピモードでコミュニケーションが続きます。男女問わず、経験豊富な40代以上の男性であっても、「これ、かっこいいよね」「やっぱり、いいよね」というようにキャピモードの高さは同じです。

このように、自分の感じた「好き・うれしい・楽しい・心地よい・素敵だな」をキャピモードで表現することで、胸キュン度がアップし、心が喜ぶ感覚がからだいっぱいに広がっていきます。

まずは、自分が「いいな」と思ったその感覚を口にしてみてください。

「この色が素敵」「匂いがいい」「肌触りがいいよね」などというように。

口にすることにより、感度が研ぎ澄まされていき、「好き」の輪郭が、自分の中でだんだんはっきりしてきます。これを繰り返していくうちに、「好き」「いいな」と感じとる感度がアップし、感度のアンテナにひっかかる要素やレベルがわかるようになります。

つまり、好きを選ぶ「軸」ができるのです。

ひとつめの方法の情報感度を上げて「好奇心アンテナ」を増やしていくのも、「キャピモード」で「好き」感度を上げていくのも、最初はよくわからないかもしれません。よくわからなくても、たとえ見よう見まねであっても、この行動の楽しさは、保証します！

さあ、あなたの「好き」探しを始めましょう。

それが、エモーショナル選力を磨く近道です。

「好き」をどんどん
増やしていけば、
選び上手に近づいていく!

積極的に「好き」「うれしい」「楽しい」
「心地よい」「素敵」を探して、表現して、
心が喜ぶ感覚を鍛えよう

THE CHOICE

10

エモーショナル選力❷「定番づくり」

「好きリスト」で定番をつくり、シンプルに、ハッピーに選ぼう

自分の中の「好き」を、感じ出していますか？「好き」なものは増えてきましたか？

次は、「『好き』を感じる」から、「『好き』をリスト化」します。

そして、「『好き』をリスト化」から、「『好き』の定番化」につなげていきます。

「好き」が定番化すれば、瞬時に迷わずに選べるようになるからです。

たとえば、お店でかわいいスカートを見つけたけれど、「黒と紺、どっちにしよう？」と迷うことってありますよね。でも、「わたしの好きな定番カラーは紺」と「好きリスト」に入れておけば、クローゼットにある洋服を思い出して組み合わせをシミュレーションするなど、いろいろ考えて迷わなくても、すぐに選ぶことができます。素材や形が違っても、迷ったら「わたしの好き定番」で選べば、自分の「好きリスト」から

選んでいるのですから、ハッピーになれるに、決まっていますよね。選んだ後に後悔することもありません。

ちなみにわたしは栗が好きなので、ケーキ屋さんやカフェなどでスイーツを選ぶとき、「たくさんあって目移りして迷いそう」と思ったときは、何も考えずに栗を使ったものだけを見るようにし、選びます。つまり、大好きな栗を使ったスイーツという「よい選択肢」だけにしぼるのです。当然、選んだ結果はどれであっても、「幸せ」です。

こんなふうに、好きなものがはっきりしている、好きなものがいっぱいあると、選ぶことが簡単になり、しかも上手に選ぶことができます。

また、ものづくりが好きな友人は、「造る」ワークショップを見つけると、すぐに優先して予定に入れています。「好きリスト」があることで、時間の使い方も、シンプルに選べるのです。そしてもちろん、自分の「好き」をたくさん実行している彼女は、いつも目を輝かせていて、ハッピーに生きています。

さらに、いいことがあります。「好きリスト」があると、自分自身はもちろん、周囲の人も選ぶのが簡単になります。

わたしの栗好きを知っている方は（主人や友人、仕事相手も）、何か差し入れをくださるとき、栗を使ったものをくださいます。きっと彼らは、「気に入ってくれるかな？」と不安になることなく、選ぶための時間を節約できて、ラクチンでしょう。「あいつは栗を与えておけば機嫌がいい」というように(笑)。おかげさまで、よく栗のスイーツを頂戴するので、日常でわたしがハッピーになる機会も増えるというわけです。

さきほど登場した脳の大脳辺縁系という部位は、「快」を選ぶことで、「やる気」を出しますから、日常の中で「快」という感情が増えれば、目の前のことや、ちょっと嫌なことでも楽しくやり遂げられ、生きる原動力にもつながります。

自分の「好きリスト」をつくり増やし続けることで、選ぶ作業がシンプルになり、日常の「快・楽・好・嬉」の瞬間も増えていきます。『好きリスト』で選ぶ→幸せ」という経験が増えれば増えるほど、エモーショナル選力も高まっていきます。

「好きリスト」をつくるコツは、自分の「好き」に忠実になることです。「良《よ》いものを選ぼう」とするのではなく、「好《よ》いものを選ぼう」にシフトしてください。

さらに、自分の好き感覚に従って選んだ結果を「わたしはよい選択をしたな」というふうに、自分の選択を愛でて、堪能しましょう。

この項の最後に、自分の「好き」感覚を高めて、「好きリスト」を増やすワークを用意しました。隙間時間などに手帳やノートに書き出してみましょう。

「五感」を喜ばせて「好きリスト」をつくるワーク

五感を喜ばせ、磨く練習です。その秘訣は、よいもの、上質なものを、積極的に体験すること。「美味しい」「素敵」「気持ちいい」などといった心地になるチャンスを日常で意識的に増やしていき、自分の感覚を刺激しましょう。

- **美術館や展覧会に出かけたり、一流品を扱うデパートに行き、目で見てさわり、素晴らしさを肌で感じてみましょう**
- **自分の感覚が揺さぶられたもの、揺さぶられなかったものは？書き出してみましょう**
- **五感を揺さぶられたり、感動したりした経験をもとに、自分の「好きリスト」をつくっていきましょう。毎日一つずつ書き出してみましょう。**

THE CHOICE

11

エモーショナル選力❸「直感を養う」

わたしの「経験則」を育てて「直感」で選ぼう

ここまで、いかがでしたでしょうか？　次は、「直感」を使って選ぶ「エモーショナル選力」についてお伝えしていきます。もしかしたら、『直感』なんて、特殊な神がかった能力みたいで、難しそう」「普通の人は無理そう」などと心配に思うかもしれませんね。たしかに「直感力」や「ひらめき」とは、まるで神からの啓示のようにとらえられることもあります。

けれども、直感という力は、じつは誰でももっています。ふだんの生活においても、無意識に直感を使って行動したり、選んだりしているものです。

なぜなら、直感とは、神からの啓示ではなく、情報のストックから生まれるものだからです。直感とひらめきの背後には、これまでに五感を通じて感じとってきたものすごい量の情報のストック（経験）があり、そのストックが鍵となり、直感を発動しています。

ですから、「五感」の力が重要になってくるのです。

P76で、「人は五感を通して体内外の情報を脳に送っている」とお話ししました。わたしたちは、日頃から五感で情報収集をしていて、その情報は無意識のうちに脳にインプットされて（大脳辺縁系は記憶もつかさどりますから）、その情報ストックをもとに、いま目の前にあることを判断することができます。

たとえば、駅からの帰り道に、いくつかの通り道があったら、「こっちの道を行こう」と、瞬時に、感覚的に、パッと選ぶことって、ありませんか？　そのときは深く考えずに選んだと思っていたけれど、よくよく考えると、「前回通ったときに前より近く感じた」とか「道が明るくて安心に感じた」などといった過去に五感で感じとったデータが理由になり、選びとっているということはよくあります。

さらに、女性は五感が繊細で鋭いこと、つまり五感を通じて入ってくる情報量が多いということを証明するデータもあります。

まず、視覚。２０１２年に行われたニューヨーク市立大学の研究によると、女性は原色（赤、緑、黄、青）の間の微妙な違いを見分ける力が男性よりも優れているという結果があります。（ただし、男性のほうが突然の動きや素早く変化する映像を識別する視覚能力が高いとされています）

次に、触覚。細い指をもつ人は、緻密な感受体をもつために、触覚についてより敏感であると、2009年に「the Journal of Neuroscience」に発表されており、一般的に男性よりも女性は指が細いため、より細やかな刺激を受けとることができると言われています。

3つめ、聴覚。2008年のジョン・ホプキンズ大学の研究で女性はすべての年齢において2000ヘルツ以上の聞きとりに男性より優れていることがわかりました。

4つめ、嗅覚。女性の脳には、嗅覚中枢の細胞が男性よりも平均で43パーセント、神経細胞は、ほぼ50パーセント以上も多く存在することが2014年の研究で判明しています。

5つめ、味覚。イェール大学の研究によると、女性は男性よりも舌の上で味を感じ取る味蕾を多く持っていることがわかっています。（「Health.com」より引用。＊6）

わたしたち女性は、この五感の鋭さから、「情報」を感じとっているのですね。この力を伸ばさない手はありません。

信頼できる「経験則リスト」をつくり上手に選ぼう

このようなことから、直感で選ぶ力を磨くには、まず、情報量を増やすために、よりたくさんのことを感じとることが大切であるということがわかります。

インターネットでも本でもなく、その場で体験して五感を磨く機会を増やしていくことで、「これだ！」という日常の経験が蓄積されていきます。

これこそ、直感のもととなる「経験則」です。「こうしたら、こうなる」というように、過去の経験から結果が予測できる「パターン化」のようなものです。

ここで忘れてはいけないのが、わたしたちは、自分を幸せにするために、選ぶのだということ。つまり、「幸せになるパターン」をたくさんもつことが、瞬時に、迷わず、上手に選ぶ確率を上げる秘訣です。たとえば、次のように、身近で簡単だけれど、日々の「幸せ」につながる経験則をストックしておきます。

- **ギューギューの満員電車が来たら、無理せず次の電車に乗ることを選ぶ**
  →これまでの経験から、満員電車の次の電車は、空いていることが多いから

・朝いつもよりスッキリ起きられなかったら、風邪を引く傾向。しばらくコーヒーではなく、ハーブティーを選ぶ

↓いつもはコーヒー派だけれど、前兆のあるこういった朝に、以前ハーブティーを飲んだほうがすっきりと体調がよくなったから

このように、単純にAかBかを選ぶだけでなく、「では、どうする?」という自分のふるまいを選ぶこともできます。日常の中で経験則を意識して選ぶことで、「うまくいく経験則リスト」をつくっていきましょう。

大切なのは、経験則で選んだときに、目的どおりの結果になったかどうかを評価すること。うまくいかなかった経験則は、リストから外します。

たとえば、「ギューギューの満員電車の次の電車は少し余裕がある」という経験則を思いついたら、その経験則を絶対的に信じるのではなく、実際に確認してみます。そうすると、9時台の電車にはこの経験則は当てはまるけれど、8時台の電車はどれもギューギューだから使えない……ということに、気がつくかもしれません。「この経験則はダメだ」ではなく、「9時台は満員電車をスルーして次の電車を待つほうがいい」というように、経験則そのものをブラッシュアップすればいいのです。

使える「経験則」が増えれば
日常の「幸せ」も増えていく

経験則 ギューギューの満員電車が来たら、
無理せず次の電車に乗ることを選ぶ

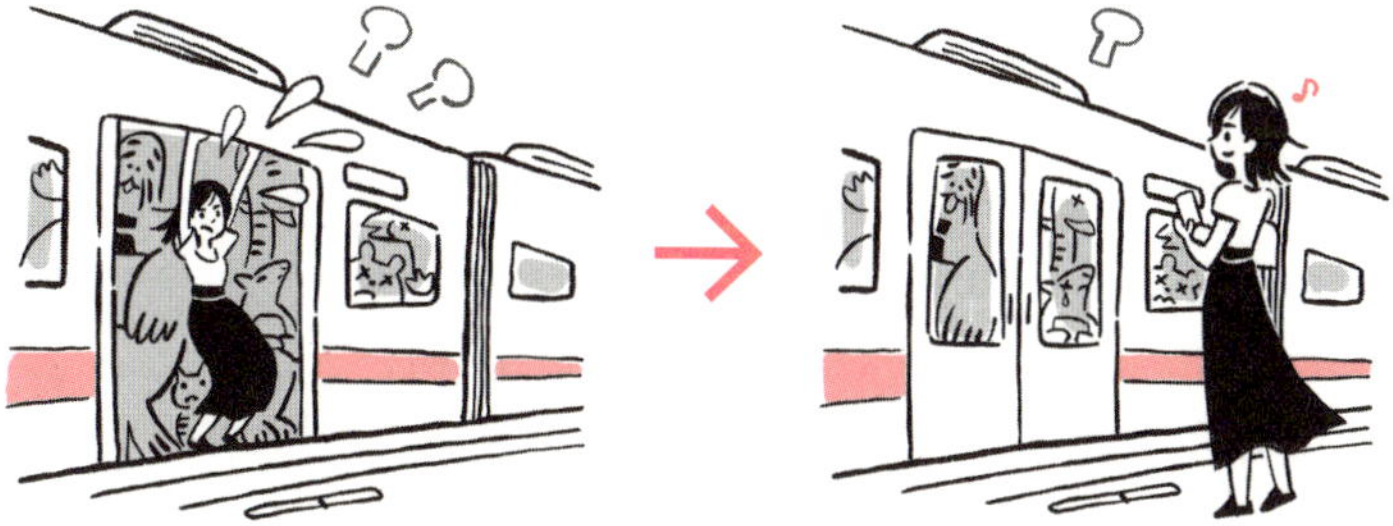

うまくいった「経験則」を検証し
どんどんリストを増やしていこう

成果を意識することで、うまくいく経験則の精度を少しずつ上げていきましょう。

すなわちそれは、直感の精度を上げることです。

とはいえ、経験則は、いつでもどこでも誰にでも使える万能の法則ではないことも心に留めておきましょう。あくまで自分だけの経験にもとづいた、簡易な法則のため、一定の偏り（バイアス）を含むからです。個人的体験による、その業界による、そのタイミングによる、人による、状態による、条件による……という限定的な法則で、「必ず」「絶対」ということはありません。「仮に」程度で考えましょう。

でも、絶対でなくても、ものごとを「さあ、どうする？」と、瞬時に選ばなければいけないときに、全くどうなるか予測がつかないよりも、うまくいく可能性が高いことやふるまいを選べるほうがいいですよね。

そのようにして選べることが増えたら、日常のハラハラ、ドキドキや不安は減り、うまくいくことが増えて、楽しい毎日となっていくはずです。

わたしの「経験則リスト」をつくるワーク

これまでの経験を思い出し、
うまくいきそうな経験則を書き出していきましょう。

「○○だったので、○○したら、うまくいった」

「○○のとき、○○を選んだら、よかった。なぜなら……」

などと、何気なく選んだときの、理由や感覚を言葉にします。

- わたしの経験則①
- わたしの経験則②
- わたしの経験則③
- わたしの経験則④

運命とは、偶然の問題ではなく、
選択の問題である。
それは、待ち望むものではなく、
成し遂げるものである。

ウィリアム・ジェニングス・ブライアン
（政治家）

STEP

3

迷わない、後悔しない。
納得して選ぶ
「ロジカル選力」の磨き方

THE CHOICE

12

失敗したくないことは、「納得して」選ぼう

さて、この章に鍛えていきたいのは、「エモーショナル選力」のように、心や感性、感覚をもとに選ぶのではなく、考えて、納得して、選ぶ方法をお伝えしていきます。

納得して選ぶとは、「論理的」であるということ。ですからここでは、論理的、すなわちロジカルに選ぶ力を磨いていきます。この力を「ロジカル選力」と呼びます。

この力を使って選ぶと、「筋が通っており」「理に適っている」から、誰もが納得して選ぶことができます。

なぜこの選択肢のほうが、他の選択肢よりも優れているのか。

本当に「わたしが欲しいもの＝目的」を満たすのか。

事実やデータを積み上げて、それを選ぶ理由を理解したうえで選んでいきます。

「それでもいいか」ではなく「それがいいのだ」と納得して選ぶ方法です。

前章のエモーショナル選力は、日常の比較的小さなものごとを選ぶときに使いました。小さなものとは、たとえ失敗してもリカバリーがきき、影響度がそれほど高くない、つまり打撃が少ないものごとです。

けれども、お金や時間を費やしたり、いろいろな人を巻き込んだり、あるいは人生の局面の大きな選択では、あまり失敗したくありませんよね。

これらについて「これが好き」「これがいい」という自分だけがわかる感情や感覚だけで選ぶのは、心許なくて不安です。

ひとつの選択が大きく影響するとき、リスクや損などのマイナス要因をできるだけ減らしたいとき、「これで行こう！」と納得したいとき、他の人からの同意が必要なときなどは、この章でお伝えする、ロジカル選力を使って選ぶのがおすすめです。この力は、自分のふだんの生活や人生から、仕事の現場や組織まで、広く使うことができます。

こんなときは、納得して選ぶ「ロジカル選力」を使おう

1

長期的に影響があるとき

家の購入、住む場所選び、
仕事の長期的なプロジェクトなど

2

複数の人がかかわるとき、
複数の人の利害が絡むとき

子どもの学校の役員・イベントの調整、
同窓会の開催、親族の行事の調整、
会社全体やチーム、取引先など、
さまざまな人を巻き込む大きなプロジェクトなど

3

お金をかけるとき

資格取得、習いごとなどをスタートするとき

4

いろいろな要素を
比較検討しなければならないとき

子どもの保育園や学校選び、
病気治療のための病院選び、
パソコンなどの電化製品を買うとき
のスペック比較
（価格や性能、スピード、大きさ、
重さなどのいろいろな要素を考えなければなりません）

さきほど、仕事の場でもこのロジカル選力が使われるとお伝えしました。

じつはわたしは、ロジカル選力が身についていない状態で、前職のファッション業界からP&Gに転職し、大失敗をした経験があります。

P&Gに転職してすぐの頃、ある広告のビジュアルを決める会議がありました。

「AとBのビジュアルのどちらがいいだろう」

とみなが悩んでいたとき。わたしが堂々と、

「どう考えてもAですよね。色使いがイメージに合っているし」

とAのビジュアルを選び、意見を述べたら、その場の全員にぽかんとされてしまいました。そして、冷たくこう言われたのです。

「おっしゃっている意味がわかりません」

当然のようにわたしの意見はスルーされ、ディスカッションが進む様子を見ているうちに、理解しました。自分も含め、誰もが納得できる論理を組み立てて、選ばなければならないのだと。

前職のファッション業界時代には、何かを選び、決定する場においては、その場にいるメンバーすべてが、エモーショナル選力を使って選択を行っていました。トップフォトグラファーや熟練のプレス担当者などのプロフェッショナルたちが、自分たち

の豊富な経験や情報に裏打ちされた「直感」や「経験則」をもとに選ぶのが暗黙の了解だったのです。その場では、わたしのような一スタッフでさえも、ロジカルな意見より、エモーショナルな意見と選ぶ方法を求められることが多かったのでした。

ところがP&Gの会議では、マーケティングだけでなく、開発、営業、お客様相談室、WEB担当、広告代理店というふうに、さまざまな部門の人たちが参加します。そのメンバーは日本人だけでなく、中国、インド、ドイツ……とお国もいろいろ、もっている背景情報や価値観もバラバラ、まさにダイバーシティの集団です。

ですから、その場にいる全員が一度に納得、同意するには、目的に適っている理論やデータ、事実などの「論理」がパワフルなツールになります。

また、一度決まったら何十億という投資をして、発売したら何年も愛される商品に育てるという観点からも、失敗しない選択（そのリスクをできるだけ下げる）が求められます。

そのためにも、「それを、なぜ選ぶのか」、みなが、そして自分自身が、きっちり納得できることが必要なのです。

ロジカルに選ぶと、衝動にストップをかけてくれる

そして、ロジカル選力を使えば、衝動を自制して、選ぶこともできます。

たとえば、ダイエットすると決めたけれど、甘いものに手が伸びそうになったとき。チョコレートケーキといちご大福どちらのおやつを選べばいいでしょうか。

- チョコレートケーキ→500キロカロリー以上
- いちご大福→135キロカロリー

いままでなら、「わたしが好きな甘いもの→大好きなチョコレートケーキ!」と、エモーショナルに選んでいたかもしれませんが、少しロジカルに選ぼうかなと考えると、他の選択肢が浮かびます。
ちなみに、この差がどういう結果につながるかというと、20日後に1キロの体重差となって現れます。(7200キロカロリーで1キロ増えると言われています)
このように、数字やデータを絡めてロジカルに考えると、欲望のままに手が出るということも抑えられますね。

ロジカルに選ぶと、たとえ失敗しても、選び直しの道がわかりやすい

そして、ロジカル選力には、もうひとつよいところがあります。

選んだ結果がうまくいかなかった場合、本能や直感だけで選んでいたら、次の打ち手が何も見えなくなるかもしれません。

けれども、ロジカル選力を使って、選んだ過程を論理的に検証することで、「わたしが欲しいもの＝目的」に適うものに選び直したり、新たに選び直したり、他の選択肢に変えたりすること、つまり選択の改善をしやすいというメリットがあります。

このように選ぶ試行錯誤を繰り返していくことによって、ロジカル選力を、どんどん磨き続けることができるのです。

ロジカル選力は、大人になってからのほうが身につけられる！

「論理的に」「思考を使って」などと聞くと、「難しそう……」と思うかもしれません。

かく言うわたし自身、前述のエピソードからもおわかりのように、「論理的思考なん

てできないわ」と、はなから諦めていました。

でも、いま思えば、そのやり方、つまり頭の使い方を知らなかっただけだったのです。少しずつ、始めはよくわからない、うまくいかないと思いながらでも、ロジカルに選べるようになりました。

そして、安心してください。誰でも思考は鍛えられるのです。じつは、このロジカルに思考し、選ぶ力は、大人になってからのほうが鍛えることができます。

ある脳をスキャンした実験（＊7）で、人がさまざまな情報を精査して選ぶとき、脳の最高中枢と言われる大脳新皮質にある「前頭前野」という部位が働くということがわかりました。この前頭前野という部位は、成熟するのが遅く、思春期を過ぎるくらいまでは未発達です。思春期以降、大人になっていくにつれて、経験や訓練を積むことでこの前頭前野の機能を発達、向上させることができます。

つまり、すっかり大人になってしまったいまここから、この部位の働きを鍛えても遅くはないということ。しかも、老化によって最も早く機能低下が起こる部位でもあるので、意識して磨き続けなければ衰えてしまいます。

ですから、わたしたちが頭で考え、選ぶという行動を続けることこそ、この機能を成長させる、つまりロジカル選力を身につける唯一の道なのです。

THE CHOICE
13

ロジカル選力5つのSTEP

5つのSTEPで納得して選ぼう

まずおさらいです。ロジカル選力は、リスクやメリットを判断し、選択肢を比較検討して、「わたしが欲しいもの＝目的」を満たすものを、納得して選びたいときに使うとお伝えしてきました。時間やお金がかかったり、人を巻き込んだりするときに使いたい選ぶ力です。

わたしたちは、日常に起きる出来事に、「どうして？」「なぜ？」と、起きた理由を考えるものです。つまり、ちゃんとものごとがつながっているかどうか、自然とストーリーで考えているのです。ストーリーで考えれば、理に適っているかどうかがわかります。これがロジカルであるということです。

理に適ったストーリーで考えるために、次の5つのSTEPを踏みましょう。

納得して選ぶための ロジカル選力5つのSTEP

STEP 1 わたしが欲しいものは何？
選ぶ「目的」をはっきりさせる

STEP 2 選ぶための「使える情報」をとる

STEP 3 「よい選択肢」をつくる

STEP 4 つくった選択肢を評価する

STEP 5 選択後をシミュレーションして、選ぶこのＳＴＥＰを踏んでいけば、自動的に、心から満足し、納得して選ぶことができます。

いきなり選ぼうとするから、「何を選ぼうか」「どう選ぼうか」「どうやって判断しようか」と、選ぶ基準がわからなくなったり、期待するような結果を得られるのか自信がなくなったりします。

納得して選ぶには、きちんとこの５ＳＴＥＰを踏むことが大切です。

「どれを選ぶか」の最終判断よりも「よい選択肢」をつくること

そして、５ＳＴＥＰの最後に、自分にとって最良のものを選ぶためには、よい選択肢をつくることにつきるということを、覚えておいてください。Ｐ62でもお伝えしましたね。

質の悪い選択肢を前に、どんなに頭をひねって悩んでも、意味がありません。頑張って選んだとしても、どの選択肢もよくないから、どの結果もよくないだろうということは、容易に想像できます。

とにかく、よい選択肢がたくさんあれば、その中から最もふさわしいものを選べるので、当然ハッピーになることができます。

というわけで、納得して選ぶための5つのSTEPの中でも、とくに肝になるのは、前半の3STEPになります。

STEP1 選ぶ「目的」をはっきりさせる
STEP2 選ぶための「使える情報」をとる
STEP3 「よい選択肢」をつくる

「仲良し女友だち4人の楽しい旅行」あなたはどのように選ぶ？

では、実戦です！　ロジカル選力を身につける練習を始めましょう。

P109の5つの選ぶSTEPを体験しながら理解できるよう、次のような「仲良し女友だち旅行」をテーマに考えてみます。

設定

あなたは仲良しの女友だち4人と、今年の10月に2〜3日の旅行を予定しています。

みな共通して、「日常から離れたい」「リラックスしたい」「ストレスを発散したい」と言いますが、それぞれ旅行に求めているものが違います。

どうにか日程だけは合わせられそうですが、予算のバラつきもあります。

次は、4人それぞれの言い分です。

A子（専業主婦・1歳の男の子のママ）

「子育てや家庭から解放されたい。リゾートがいいな。エステができたら最高！　だけど専業主婦なのであまりお金は使いたくない。予算は3万円くらいで抑えたいところだけど、最高5万円までなら可」

B子（会社員・投資銀行勤務）

「ふだんはとにかく時間がない。時間もお金も注ぎ込んで思いっきり贅沢に羽を伸ばしたい。だから、しょぼいホテルは絶対に嫌！　平日に休みをとってもOK」

C子（会社員・サービス業・美食家）

「美味しいものが食べたい。やっぱり旅といったら、観光と食べ物とショッピング！じっとするより動きまわりたい。月末以外なら、仕事を休んでもOKだよ」

D子・あなた（会社員）

「ゆっくりしたいけれど、特にこだわりなし。あんまり忙しい行程は嫌だけど、せっかくならいろいろ楽しみたいし。みなが言っていることを全部できたらいいな」

なかなか意見がまとまりそうもないので、他の3人から「D子（あなた）に一任するから、旅先やプランを選んで」と言われてしまいました。

さて、ではどのようにこの旅行の旅先とプランを選んでいけばよいでしょう。

次のページから、5つのSTEPに沿って、一つひとつお伝えしてきます。

THE CHOICE

14

ロジカル選力5つのSTEP❶「目的」

わたしは何が欲しいの？「目的」をはっきりさせよう

では、練習のスタートです。まず始めに、女友だち4人で行く旅先を選ぶために、「この旅行の目的」をはっきりさせなければなりません。

「目的」と聞くと、「目的は、『旅行』そのものでしょう？」と思うかもしれませんね。いえいえ、違います。

「わたしは（わたしたちは）、この旅行で、何を得たいのか」が、この旅行の目的です。この設定からスタートし、最終的な旅先（行き先や宿泊先、プラン）を選び、決めなければなりません。

わたしがP＆Gに入ってすぐの頃、最も苦労したのが、この「目的」の設定です。P

&Gでは、何をするにも、挨拶と同じレベルで、まず始めに聞かれます。「目的は?」と。それまで30年近く、目的をはっきりさせて行動する、会話をするということをしてこなかったわたしには、それがとても難しく、苦痛でした。

P&Gに入社した初日に、カルチャーショックを受けた出来事がありました。

入社初日であるにもかかわらず、直属の上司は午前中いっぱい会議で不在、オフィスに来たものの、自分の席もわからず、誰も助けてくれず、ひとり途方に暮れていました。そんなときに救世主! 入社前に挨拶を交わしたことのある同僚を見つけ、話しかけました。

「あの、お忙しいところ申し訳ございません、ちょっとお伺いしたいのですが、よろしいですか?」

「いま忙しいのですが、話の目的は何ですか? 何分必要ですか?」

……目的? 何分? いままでの人生で交わしたことのない会話を理解できず、呆然。「聞きたいことがある」というのは、話の目的ではないのか? ハテナが頭をグルグル……。

そう、「聞きたいことがある」は、目的ではないのです。

目的とは、「わたしが欲しいもの」です。

わたしが、本当に欲しいものは？ わたしはいま、何が必要なのか？

Ｐ60の選び上手マインドの項でお伝えしたように、目的＝欲望です。最終的に得るもの、得たいものをはっきりさせるということです。

たとえば、このＰ＆Ｇの入社初日のわたしが欲しかったものは、「自分の席がない、何をしていいかわからないので、この状況に対するアドバイス、あるいは助けてくれる人」でした。となると、質問の仕方は異なってきますよね。

さて、旅行のお話に戻りましょう。今回の旅行は、仲良しの女友だち4人で行きます。つまり、4人のチーム。自分だけでなく、4人全員の欲望パワーを一直線にそろえるためには、「楽しい旅行」というゴールに向けて、4人共通の目的＝欲望、必要としていることをはっきりさせなければなりません。

目的がはっきりすればするほど、欲望パワーも高まり、旅行に対するワクワク感を高く保つことができます。そのためにも、目的は、4人全員の意見や希望を考慮し、誰もがズレることなく、ブレることなく理解できるように決めていきます。

ここで、「わかりやすい目的」を決めるための、便利ツールを紹介しましょう。選ぶ目的を、次の5つの「ＳＭＡＲＴ」に当てはまるように考えていくのです。

「わたしが欲しいもの＝目的」は SMARTに考えよう！

S
Specific

誰にでもわかるように具体的に決める

誰が見ても読んでもわかる、
具体的な表現や言葉で書き表すこと
誰の理解もブレがないぐらいはっきりと設定する

M
Measurable

数字を入れる

その目的を本当に達成できるか、あるいはできたかどうか
判断できるよう、目的の中に数字を入れて測定可能にする

A
Achievable

現実的で、本当にできるもの（達成可能）に

ただの希望や願いではなく、現実的な内容かどうかをチェック
いま自分が使うことができるもの（資源）の中にあり、
本当に達成できる？

R
Relevant

自分にとって価値があり、一貫している

大目的（わたしの幸せ）につながっているか
自分たちのニーズや社会環境にも合っているか確認する

T
Time-bound

**目的に合わせて
選ぶ期限や時間の制限をする**

いつまでに達成するか、その期限を設定する

今回の旅行のイメージを、みなの希望を合わせてざっくりと考えてみると、「非日常の空間で、みなが楽しめる旅行」

というようなものになりそうですよね。

となると、非日常の空間とは何？　みなが楽しむとは？　それぞれの希望を満たす欲張りプチ贅沢プランとは、何でしょう？　これらの条件を合わせて、４人が欲している旅行とは何でしょう？

例として、この旅行で達成したい目的を、前ページの「５つのＳＭＡＲＴ」を満たしながら、次のページに設定してみました（目的は人それぞれなので、正解はありません）。

こういうふうにすると、どの範囲で選び、実現していけばいいか、選ぶための枠組みである「箱」が見えてきませんか？

目的という「的」が具体的にしぼられることにより、視点が定まるため、ムダなく、迷いなく直線的に向かっていくことができます。

まずは、何が欲しいのか、何を得たいのか。

欲望をはっきりさせて、目的をＳＭＡＲＴに満たしながら設定しましょう。

女友だち4人旅行の「目的」を設定

M **数字を入れる**
5万円以内の3つ星以上のホテル／宿に泊まる

A **現実的で、本当にできるもの**
2泊3日のお得なツアー

R **自分たちにとって価値があり一貫している**
リゾート+観光を楽しめる地域

T **目的に合わせて選ぶ期限や時間の制限をする**
今週末までに選ぶ

S **上記を誰にでもわかるように具体的にまとめると……**

▼

目的決定!!

リラックスできるリゾートと観光を楽しめる地域で、
3つ星以上のホテルに泊まる、2泊3日5万円以内のお得な旅行
→その旅行プランを今週末までに選ぶ

THE CHOICE

15

選ぶための「使える情報」をとろう

ついに、女友だち4人旅行の目的が決まったところで、次は選ぶための「使える情報」をとっていきます。「情報収集」と言いたいところですが、あえてその言葉を使わず、「使える情報をとる」としているところがミソ。

選ぶことにおいて、とくに大事なのが、「よい選択肢をつくること」とお伝えしました。選択肢をつくるのが肝であるならば、その選択肢の素材となるのが「情報」です。

料理上手で評判の友人は、「料理が美味しくなる一番の秘訣は何だと思う？　それはね、買物よ。素材の選択によって美味しさは異なるのよ」と言います。美味しい料理の秘訣は、テクニックや才能ではなく、素材選びなのであれば、よい選択肢も、素材である情報の選び方が大事です。

次の3つのポイントを押さえて、選択肢の素材である「使える情報」をとりましょう。

1 **目的を再確認し、情報の「キーワード」を意識して「仮説」を立てる**
2 **効率がよさそうな情報元にあたる**
3 **正しい？ 信頼できる？ 自分の役に立つ？ 目的に合っている？ 得た情報を選別する**

1．目的を再確認し、情報の「キーワード」を意識して「仮説」を立てよう

「わたしは何が欲しいのか？＝目的」をもう一度確認し、どの情報にたどりつくべきか、整理します。

目的は、情報を探すときのキーワードになったり、仮説になったりします。

今回の旅行の目的である「リラックスできるリゾートと観光を楽しめる地域で、3つ星以上のホテルに泊まる、2泊3日5万円以内のお得な旅行→その旅行プランを今週末までに選ぶ」から、想定できる仮説を考えてみましょう。

「2泊3日」という日程や「5万円以内」という価格のキーワードから、地域は沖縄県や北海道、離島、古都、温泉地などの国内、あるいは韓国や台湾など近場の海外が想定内になります。

「リラックスできる」というキーワードから、施設内のサービスが豊富なリゾートやデラックスホテル、部屋数が少ない宿、敷地が広い宿なども思い浮かびます。日程や曜日によっては、「女性限定」「季節限定」などのお得プランがあるかもしれません。

このように、設定した目的からスタートして、仮説を立て、具体的に旅先をイメージすることにより、どこから、どうやって、どのような情報をとってくればいいかのアイデアが出やすくなります。

また、いろいろな情報に接していると、「あ、こっちのほうがいいかも」とだんだん横道にズレていくこともあります。このようなとき、よりよいキーワードや仮説が見つかれば、改善していくのはもちろんよいでしょう。

けれども、目的そのものを変えてはいけません。たとえば目的の中の「お得」を「格安」に変えてはいけません。意味も、目指したいところも異なってしまうからです。

キーワードと仮説はブラッシュアップしてもいいけれど、目的はズレたらダメ。

この線引きをしっかりしながら、情報探しをすることを意識しましょう。

2. 効率がよさそうな情報元にあたろう

情報探しには、あまり時間をかけずに、確度の高い情報に出会いたいものです。そのためには、情報元選びが大切です。

では、どんな情報元にあたればよいでしょうか。考えられるのは、次の3つです。

1 **信頼できる経験者の声**（旅行好きの友人、知人）
2 **プロや専門家、専門誌などメディア**（旅行代理店、旅行専門誌など）
3 **インターネットでの検索**（SNSやブログ、ニュース、ポータルサイトなど）

これらの情報元にあたるときは、それぞれがもつ性質を理解して、使えるかどうか、プラス点・マイナス点をそれぞれ判断すべきであるということを、頭に入れておきましょう。

再び今回の旅行に頭を戻しましょう。旅行好きの友人で、しかもいつもお得に贅沢宿に泊まっている達人がいるとします。彼女の豊富な経験からオススメの場所や宿を聞くと、かなりよい情報を得られそうです。自分の友人なので、感覚や価値観も近そうですし、何より今回の目的に合致する経験は多いでしょう。

経験者から情報をもらう場合、プラス点としては、実際に体験したからこそわかる真実や生の声が聞けるところです。表に出ない情報や、自分が気になるところを質問して詳細な情報を集めることができます。

マイナス点としては、あくまで個人的な意見であるということです。その人と自分では価値観や感覚に差があるかもしれません。たとえば友人が5点と評価するホテルを、自分は3点と見るかもしれません。タイミングが違うということも考慮しましょう。以前彼女が旅行したときと、タイムラグが生じます。当時とプランが違うかもしれないし、周囲の環境や宿の内情、経営者、施設のつくりも変わっているかもしれません。これらを足し引きして、情報を精査しましょう。

次に、プロや専門家、専門誌にあたる方法です。プロや専門家に聞くなら、この場合、旅行代理店に行くことも考えられます。SMARTで決めた旅行の目的を伝えるだけで、きっといくつかのプランを提示してくれるでしょう。よりくわしく旅行についてのイメージを求められた場合は、想定した仮説を伝えます。

プロによっていくつか提案された選択肢をそのまま採用してもいいでしょう。またその提案をもとに、旅行の目的で設定したキーワードそのものをブラッシュアップして、さらに他の代理店にあたったり、自分でインターネット検索をしたりすることもできます。たとえば「3つ星ホテル」というキーワードを「お部屋露天風呂付き 豪華○○」とか「食事付き・スィートプラン」などにして、よりリアルな目的に近づけていくことも可能です。

プロや専門家の情報のプラス点としては、その分野に精通した人により選別された、かなり確度の高い情報であることでしょう。

反対に、マイナス点としては、その人、あるいはその機関の主観も大きく入っている、つまり偏りがあることも考慮しなければならないことです。

たとえば、旅行代理店であれば、「そのお店で扱っている商品の中で」という偏りがあります。専門家と言われる人たちも、あくまでその人たちの研究分野や経験にもとづくものであり、その主張に合うような情報を発信しています。メディアも同様です。

3つめはインターネット検索で情報を探す方法です。手軽で、自分がわざわざ動いて移動することもなく、自分の時間に合わせて空き時間に情報を調べることができます。また、広く、フラットに情報を集められることがプラス点です。

マイナス点は、情報が多すぎることでしょう。しかも、その中にはウソや体験談のような宣伝も多く含まれるので、その中で必要な情報を見抜き、精査していくのが大変です。結果的に、時間がかかったりもします。

3．正しい？ 信頼できる？ 自分の役に立つ？ 目的に合っている？ 得た情報を選別しよう

さて、ここまでに得た情報を、正しい？ 信頼できる？ 自分の役に立つ？ 目的に合っている？ という視点で、確認しましょう。いまはフェイクニュースなども流れる時代です。本当に真実かどうかを見極めることは、かんたんではありません。情報の拡散スピードが速いので、「多くの人が言っていること＝事実」だと判断されやすくなります。その情報が信頼できるかを見抜くために意識したいのは、次の3点です。

1 その情報は事実？ （「その人はそう思っている」という主観や意見と切り分ける）

2 その情報の数字は本当に正しい？ 根拠はある？
3 その情報を納得できる理由はある？

情報の波にのまれることなく、冷静に、その情報の元となる出典元などの情報源や、さかのぼって、一次情報元（メディアなのか、誰かのつぶやきなのか、元データは何か）を調べてみましょう。単なる個人の体験や見解なのか、それともきちんとデータや根拠があってのことなのかを判断したいところです。

たとえば、誰かのブログに、「旅行先として地域Aが過去3ヵ月間右肩上がりで好調」とあり、「これからもっと人気が出るらしい」とあったとします。

「そうか！ 人気なんだ！ じゃあ、今回の旅行の選択肢のひとつは地域Aの『〇〇リゾート』ね」としてしまうのは、急ぎすぎです。もう少しこの「地域Aが好調」というのが本当かどうか、その情報について冷静に調べてみるのです。

こういったデータの多くの出所は、政府や何らかの企業・団体が出していることが多いものです。ということで、そのデータ、つまり一次情報元にあたるべく、インターネットで探してみると、「じつは3年前から全体傾向では客足が減少しているけれど、過去3ヵ月間だけ少し復調だった」という事実がありました。つまり、事実は「3ヵ月間右肩上がり」というだけです。

要は、ブログを書いていた使い手にとって、都合のよい情報の見せ方をしていただけなのでした。「もっと人気が出る」というのは、そのブロガーさんの主観であって、実際はわからないことです。また人気である理由もありませんよね。

このように、きちんと事実確認をすること、違う意見をもつ人の主張もあえて調べることで、とり入れるべき事実と意見のバランスをとることもできます。しっかりした根拠があるかどうかもわかります。

最後に、情報をとるときに気をつけたいこと。それは、100%を求めずに切り上げることです。情報収集は、際限なくできてしまうもの。だから、どこかで「情報とるの、終わり！」と、線引きをしなければいけません。次の2つを心に留めましょう。

- **100%の情報は手に入れられない**
- **まだ物足りない感じがしても、60〜80%程度の情報だけで十分**

ここですべての情報を調査・収集しなければ！と気負わないようにしましょう。

「よい選択肢」の素材「使える情報」をとろう

目的 リラックスできるリゾートと観光が楽しめる地域で、
3つ星以上のホテルに泊まる、2泊3日5万円以内のお得な旅行
→その旅行プランを今週末までに選ぶ

▼

1. 目的に合うキーワード・仮説

場所： 沖縄県、九州、北海道、離島、古都、温泉地、
韓国、台湾、近場の海外

リラックス： デラックスリゾート、オールインクルーシブ系、
部屋数が少ない、敷地が広い

お得： レディースプラン、季節限定プラン

▼

2. 効率のよい情報元

❶旅行好きの友人、知人（信頼できる経験者の声）
❷旅行代理店（その道のプロ）
❸ブログ、SNS、旅行サイト（インターネットでの検索）

▼

3. 得た情報

❶沖縄県の○▷リゾート（代理店情報：2017年人気No1）
❷北海道の雲海観賞ツアーとホテル（代理店情報：2018年人気No1）
❸九州別府温泉一棟まるまるプラン（人気旅行ブログ情報）
❹韓国5つ星ホテル美容旅（旅行SNS情報）
❺台湾美食＆九份観光プラン（旅行好き友人情報）
❻古都・金沢めぐりとDX温泉旅館（旅行サイトのクチコミ）

THE CHOICE

16

目的に合う「よい選択肢」をつくろう

さて、前項までに得た「使える情報」をもとに、今度は「よい選択肢」をつくっていきましょう。集めてきた情報を総合的に判断して、目的に合う選択肢をつくる、残すことをします。

最終的に3〜5つの選択肢にしぼることを目指しましょう。いくつもある選択肢から、比較検討できる数までにしぼるために、次の2つの方法があります。

一定の水準や必要条件を満たさないものを切り捨てる「二段階選抜型」でしぼりこもう

高校や大学の入学試験では、「二段階選抜型」方法がよく使われます。たとえば入試の合格基準が各教科で50点の場合、英語と国語で100点ずつとれていても、数学が40点であれば、3科目の総得点が240点に達していても不合格となります。逆に、すべての教科が50点であれば、総得点が150点であっても合格です。

つまり、必要とするさまざまな要求をバランスよく満たしていること、性能や能力に偏りがないことを期待するときに、活用することができます。

では、さっそくこの4人の女友だち旅行の選択肢を、二段階選抜型でしぼってみましょう。

今回の旅行の目的を照らし合わせると、満たしていなければならない基本的な要求は次の2つです。

- リゾート+観光を楽しめる地域
- 2泊3日で行ける地域

この2つを満たさないものがあれば、それは選択肢に入れずにスルーしていくのです。

際立って優れているものを選びとる「一点突破型」でしぼりこもう

再び入学試験を例にします。先ほどの二段階選抜型とは反対に、英語で100点をとれれば、国語と数学がたとえ20点しかとれなくても合格させるという方法の入試です。現在、一芸評価のAO入試やスポーツ推薦入試などで、この方法をとっている学校も多いようです。

「一点突破型」のしぼりこみ方法は、何かひとつに秀でていればそれでよし、他の要素は問題にしないときに活用できます。

たとえばこの旅行で、一点突破型方法を使うことを想定してみると、ホテルやお宿のランクを少しUPして、「4つ星ランク以上で5万円以内のお得プラン」という条件に決めてしまい、他の要素は見ないと決めるのも手です。

「二段階選抜型」と「一点突破型」のハイブリッドで選択肢をしぼろう

よい選択肢をつくる場合は、「二段階選抜型」と「一点突破型」の2つのしぼりこみ方法を合わせて使うのがおすすめです。

まず二段階選抜型で不合格の要素を切ります。

その後、まだかなりの選択肢が残っている場合、一点突破できる条件をプラスしていきます。たとえば「おまけの特別サービスが多い」「価格が安い」などといった条件です。

あるいは、先に一点突破で上澄みの要素をすくい取った後に、二段階選抜を行うというやり方もあります。その他の満たしておきたい要求が満たされていないものは切っていくのです。

この作業を繰り返すことで、目的とズレない選択肢をどんどんしぼりこむことができます。

P135を見てみましょう。

前述のように今回の旅行の場合は、地域と宿泊先の2つの要素が大きく影響します。

P129で得た情報を、まず5種類の地域まで、二段階選抜でしぼりこみます。

その後一点突破の条件をもとに、宿泊先の選択肢をしぼることで、最終的に3つの選択肢をつくることができました。

目的に沿うように「選択肢」をしぼりこもう

得た情報

❶沖縄県の○▷リゾート
❷北海道の雲海観賞ツアーとホテル
❸九州別府温泉一棟まるまるプラン
❹韓国5つ星ホテル美容旅
❺台湾美食＆九份観光プラン
❻古都・金沢めぐりとDX温泉旅館

▼

地域　**二段階選抜型でしぼる**　リゾート＋観光が楽しめる 2泊3日で行ける

▼

5つの地域にしぼりこめた!
1 沖縄県　2 北海道　4 韓国　5 台湾　6 金沢

▼

宿泊先　**1点突破型でしぼる**　4つ星ランク以上 5万円以内お得プランがある

▼

最終的に、3つの選択肢にしぼりこめた!
A 沖縄県の○▷リゾート　B 韓国5つ星ホテル美容旅
C 古都・金沢めぐりとDX温泉旅館

THE CHOICE

17

ロジカル選力5つのSTEP④「評価」

何を大切にしたい？選択肢を評価しよう

いよいよ最終段階。つくった選択肢の中から、ひとつを選び出すときです！この最終段階では、選択肢を並べて、目をつむってエイヤ！と選ぶのではなく、しっかり頭を使い（笑）、論理的に、考えて選んでいきます。そのために、これまでにつくった選択肢を評価します。方法はいろいろありますが、最も日常的に使いやすい方法をご紹介しましょう。

「影響力マトリクス」を使って大切にしたいことを「見える化」しよう

つくった選択肢の中で、目的に合い、自分の求める条件に最も合うものを、比較します。そのとき、ただ闇雲にうんうん悩んで比較していても、答えは出ません。

では、どうすればいいかというと、自分が大切にしたい点が浮き彫りになる「表」を使います。この表が「影響力マトリクス」です。

影響力マトリクスでは、自分が重要視している条件、関心の高さなどを数字にすることで、影響度の重みづけをします。それにより、さまざまな条件の中でも「これだけは譲れない」「これはできればでいいか」というような優劣や、感情的な部分も含めて、選択肢を評価し、最終的にどれを選べばよいかが自動的にわかるのです。

影響力マトリクスは、次の7つの順番でつくりましょう。

1 まず、ヨコに選択肢の数のマス目をとり、選択肢を書き出し、表をつくります

2 次に、タテに「選択肢を評価する項目」のマス目をとります。この項目とは、比較検討したい要素や目的達成に欠かせない条件のこと（3〜5個、多くても7個まで）

3 さらにタテの「選択肢を評価する項目」のそれぞれの重要性や魅力を考え、「影響度」を「×3」「×9」などというように、数字で重みづけを

します

4　選択肢が「選択肢を評価する項目」をどれくらい満たしているか、10点満点中7点、3点などというように点数で評価します

5　得点数と、タテ軸に入れた「影響度」の数字をかけ合わせます

6　すべての項目を足した総合点を算出します

7　一番点数の高い選択肢を選びます（もしも、総合点が同じ選択肢があったなら、影響度の高い項目が、より高い点数の選択肢を選べばよいでしょう）

では、さっそくこの女友だち4人旅行の選択肢と条件を、影響度マトリクスに当てはめて考えてみます。評価項目は「癒し（ゆっくり非日常を味わえる場所）」「観光できる場所かどうか」「ホテルのグレード」「お得感（価格や、正価からの割引度、特典など）」の4つで考えました。

それぞれの評価項目の重要度や気持ちの強さなどを考慮して、重みづけ（影響度）を数字で入れておきます。

その項目に対して、前項までにしぼった3つの選択肢（旅行プラン）がどれくらいの価値があるのか、10点満点で点数をつけ、それぞれの影響度の数字をかけ合わせます。

「影響力マトリクス」で選択肢を評価しよう

重要視している要素に「影響度」の数字で重みをつける

得点は10点満点で換算

得点×影響度の数字＝合計値

評価項目（影響度）	Aプラン 沖縄県の○▷リゾート	Bプラン 韓国5つ星ホテル美容旅	Cプラン 古都・金沢めぐりとDX温泉旅館
癒し リゾート地域／温泉 x9	8点	8点	7点
	計72点	計72点	計63点
観光 x6	6点	8点	8点
	計36点	計48点	計48点
ホテルグレード x7	7点	6点	8点
	計49点	計42点	計56点
お得感 x5	8点	5点	6点
	計40点	計25点	計30点
合計	計197点	計187点	計197点

合計値から、今回の旅行先は、
AかCプランに!!
最も重要視する「癒しポイント」が高い
Aの沖縄県の○▷リゾートに決定！

合計値を出すと、今回の旅行先は、ＡかＣプランにするのがよいようです。合計点は同点ですが、今回の旅行で最も重要視する「癒しポイント」が高いＡプランを選ぶのがよいという結果になりました。

このように、影響度マトリクスに書き出すと、頭の中でいろいろな要素がぐるぐるとまわり、どれも一長一短で決められない……と思うときも、スッキリします。

また、重要視したいことがかなり感覚的な条件であったとしても、表にし、点数をつけて評価することで、合理的に判断し、選ぶことができます。感覚的に、エイヤ！と選ぶよりも、ぐんと納得感があります。

この納得感があれば、いざ旅行会社に申し込むというときに、また迷いが出たり、旅行に出た後に、「あっちにしておけばよかったかな」「あっちのほうが楽しかったかも」などと、夢想したり後悔したりする余地がなく、旅行を楽しむことに集中できるはずです。

この影響度マトリクスを使うと、単に数字の大きさや、スペックの良し悪しで優劣を比較するだけでなく、重みづけをすることができます。それにより、「わたしの幸せ」とズレのないように選べるのが、よい点です。

なぜなら、どんなに優れたスペックであっても、自分にとって重要ではないかもしれないからです。

ですから、影響度マトリクスは、人生における大切なタイミングでも使うことができます。

たとえば、転職や結婚、長期の休暇取得や病気治療の入院先選びなどに使うことができます。今回、旅行の選択肢を比較したのと同じように、いくつかの選択肢をじっくり比較していけばよいのです。

見える化・数値化していくことで、ロジカルに、納得しながら比較検討しましょう。

THE CHOICE

18

ロジカル選力5つのSTEP❺「シミュレーション」

選んだ後に、幸せになれる？行動を後押ししよう

前項で、選択肢の評価をしてAプランを選んだのに、また選ぶの？　と思うかもしれませんね。

選ぶとは、単に頭の中で「これにしよう！」と考えるだけではなく、行動することです。

そこで、最後の一押し。実際に不安なく行動できるように、また行動した後に「やっぱりあっちにしたほうがよかったのでは……」との迷いや後悔を減らせるように、自分に「GOサイン」をしっかり出しましょう。そのために、その選択肢を選んだ場合のシミュレーションをします。

具体的には、その選択をした後、何が起こるかのよい点と悪い点・リスクを想定し

ます。よい点と悪い点を想定したうえで、この選択肢の中から選択しても問題ないとわかれば、より自信をもって選ぶことができるからです。その便利なツールをご紹介します。

「プロコンリスト」でよい点と悪い点を比較して確実に「幸せ」を手に入れよう

いよいよ選ぶという段階で、最後に残った選択肢のよい点・悪い点を書き出してリスト化します。

この方法は「プロコンリスト」といって、意思決定をする経営会議や企画、営業会議など、チームでの話し合いを重視する組織ではよく使われる便利なものです。「プロコン」とは「pros and cons」の略です。

ちなみに、わたしがいたP&Gでは「プロコンは考えたの?」とよく日常会話で用いられるほど。プロコンリストが便利な理由は、選ぶために必要な要素やステップ、思考の整理、意思確認、相互理解、改善案、合意などが、これひとつでできるからです。

選択肢のよい点と悪い点を出して思考を整理していくことで、自分が本当は何を望んでいるのか、好きか嫌いかなどの意思を改めて理解し、必要であれば選択肢に足りない部分を補ったりして、最終的に「これなら大丈夫！」と納得して選ぶことができます。

そういったことから、自分ひとりの選択はもちろん、多くの人がかかわる選択なら、さらに便利に使うことができます。たくさんの人がかかわれば、それだけ見る視点も価値観も違います。選択肢のプロ（よい点）とコン（悪い点）を出しながら、自分では気づかなかったよい点やリスクを知ることもできます。たとえ同じ賛成の意見であっても、異なる理由があるかもしれませんから、それを知ることで、さらに「その選択肢がよい」という根拠が強くなるでしょう。

さまざまな考え方を公平に吸い上げ、それをみんなで共有して、話し合い、判断していく過程を通じて、一人ひとりが自分ごととして考える気持ちを高めながら、「これならいける！」と、全員が納得感と自信をもって選ぶことができます。

さて、このプロコンリストは、次のように、至ってシンプルです。

1 紙とペンを用意し、真ん中に線をタテに引き、左にメリット、右にデメリット

を思いつく限り書いていきます

よい点と悪い点、メリットとデメリット、〇×、可否、賛成反対、チャンスとリスク、強みと弱み、期待と懸念など、二項対立のテーマであれば、何にでも使えます。その際、どうしてそう思うかについて書き出すと、より本質的なポイントが明確になります。仮に選択肢が3つあれば、その一つひとつについても、同様に行います。

2 すべて出し終わったら、一番最初に設定した「わたしが欲しいもの＝目的」に照らし合わせながら、メリット・デメリットそれぞれの項目を整理し、選択肢がメリット・デメリットのどちらに傾いているかを判断します。

傾きをどう判断するかはそれぞれです。たとえば、次の判断軸で考えてみます。

- シンプルに数の多いほうを選ぶ
- 重要度や影響度を重みづけして評価する
- 圧倒的に大きなリスクとなるデメリットが見つかれば、選ばないことを選ぶ
- 多くのリスクがあっても、うまく対処ができ、メリットが大きいならば選ぶ

目的に沿って、それぞれの項目をどう整理評価し、傾きをとらえるかを考えます。

では、今回の女友だち旅行のケースに戻りましょう。

P139で、最終的に、選択肢のAでいくことになりました。が、果たして本当にそれでいいのでしょうか？

次のページのようにプロコンリストを書き出してみると、デメリットの「運転問題」と「10月の台風問題（前年4本）」はかなり大きい影響がありそうです。「旅行を楽しむ」という、最大の目的が全く達成できなくなる可能性があります。

つねに「わたし（わたしたち）の幸せ」につながっていることが大切です。

となると、ここは再考したほうがよさそうです。

そこで、もうひとつの同点プランCを同様にプロコンリストで考えてみます。

すると、とくに大きなデメリットはなさそうで、メリットも十分なので、Cを選ぶことにしました。

「わたしの幸せ」を
必ず満たす選択肢を選ぼう

最終的な選択肢 A と C の
メリット・デメリットを書き出してみたところ……

▼

A プラン：沖縄県の○▷リゾートプラン

メリット	デメリット
非日常 海！（泳げるかも） ごはんが美味しい	遠い（飛行機＋レンタカー） 誰が運転するかモメそう 10 月も台風がくる

C プラン：古都・金沢めぐりと DX 温泉旅館プラン

メリット	デメリット
初の場所 温泉 観光名所多い（紅葉？） ごはんが美味しい	遠い（乗り換え） リゾート感はない

旅行を楽しむという最大の目的を、確実に達成できる
C プランを選ぶことに決定!

この方法は、いくつかある選択肢から選ぶための評価としても使えますが、わたしとしては、選んだ選択肢を本当に進めてよいかどうかの判断に使うことに適していると思っています。

冷静にデメリットやリスクを考え、その際に選んだ結果を具体的にシミュレーションすることで、「これはいける！」と行動に移す自信を得られたり、進めることが怖いと思っても、デメリットやリスクが見えていれば、対策を考えたり、乗り越えられたりするからです。

大切にしたい条件を考えて、選択肢を評価し、しぼりこんだけれど、最後の最後でもう一歩選ぶ勇気がなく、背中を押してほしいというときは、必ず訪れます。

そのようなとき、最終的にそれでいくかどうか、GOサインを出すかどうかを「エイヤー！」で決めるのではなく、合理的に納得したうえで決められるのが、このプロコンリストの利点です。

今回のように、みなを代表して選ぶことを任された場合でも、「なんとなくこれにした」とか「なんかこのプランがよかったから」というあいまいな理由を伝えるのではなく、筋を通して説明できるのもよい点です。目的に沿い、十分に検討してつくったよい選択肢で、さらに2つの角度から比較検討して出した結論を聞いたら、誰もが不安なく、大喜びで受け入れてくれます。ロジカルに選んだプロセスを伝えれば、その結論を出すまでの考え方や理由も納得されるはずです。

自分の未来も想定しながら「先へ進む」選択に、ロジカル選力をぜひ活用しましょう。

良質とは、高みを追求する意志、
地道な努力、聡明な方向性と
熟練した技術を積み上げた結果。
多くの選択肢を賢く選び出すことを
意味するものだ。

アリストテレス
（哲学者）

STEP

4

「わたしの幸せ」を実現する「エモ＋ロジ選力」の磨き方

THE CHOICE

19

人生の岐路は、心と頭を使って後悔なく選ぼう

人生はエモ＋ロジ選力で選ぶ

これまでに、STEP2の章では心が喜ぶエモーショナルに選ぶ方法を、STEP3の章ではしっかり納得してロジカルに選ぶ方法をお伝えしてきました。

この2つをあわせて使いこなすことができれば、心も頭も満足して、自信をもって選ぶ＝幸せ上手に選ぶことができます。

この2つをあわせて選ぶ力を、わたしは「エモ＋ロジ選力」と名づけています。

このエモ＋ロジ選力は、日々のちょっとしたことを選ぶタイミングから、人生にかかわる大きなことを選ぶタイミングまで、何でも使うことができます。

たとえば「今日の夕飯は何をつくろう」というときにも、エモ＋ロジ選力はもちろん使うことができます。試しにやってみましょう。

まず、目的を決めます。「時間がないからどんぶりなど1品でいける簡単なものにする」「お昼は適当にしちゃったから、夜は栄養バランスのとれたものにする」「食べ盛りの子どものために量をたっぷりにする」など。ここから、エモーショナル選力とロジカル選力を組み合わせて、選択肢をつくり、評価し、選んでいきます。

まず、エモーショナル選力を使います。「今日わたしは、何を食べたいのかな？」という自分の気持ちから、ざっくりと「今日はイタリアンな気分」と和洋中のジャンルを選んだり、「豚肉を食べたい！」といった「好き」や「欲しい」という気持ちから浮かんだ食材を選びます。

その後、ロジカル選力を使い、ここ数日のメニュー、冷蔵庫に入っている材料、栄養バランス、買い足すものの予算、作る時間などを踏まえ、目的に合ったメニューの選択肢をつくり、選んでいくというわけです。

エモーショナルとロジカルの2つの選ぶ力をかけ合わせるエモ＋ロジ選力は、ひとつの選ぶ力を使った後に、もうひとつの選ぶ力で確認するステップで行います。

エモーショナル選力で、自分の気持ちや感覚をもとに「これかな」と選んだ後は、ロジカル選力でしっかり情報や条件、数字を洗い出して確認します。

反対にロジカル選力で納得の選択肢が出たら、エモーショナル選力で確認します。**選んだ結果に違和感を覚えないか、自分がその選択をしてハッピーであるかどうかを確かめるのです。**

そして、このエモ＋ロジ選力のパワーを最大化して使いたいのは、人生に変革を起こすような大きな選ぶタイミングにおいてです。その後の人生が決まってしまうような「人生の岐路」に立たされているときは、できるだけ確かな選択をしたいものです。

大きな選ぶタイミングとは、仕事においては就職や異動、転職、プライベートでは結婚、出産、離婚などが代表的です。

加えて、わたしたち女性のからだのことを考えると、妊娠や出産などは、後戻りできない、タイミングを逃せない選ぶ機会でもあります。

こういった節目を、わたしは人生の「お転機」と呼んでいます。

これらの選択次第で、その後の人生が変わります。だからこそ、この大きなお転機では、失敗したくない！　できるなら、ＳＴＥＰ３で身につけたロジカル選力を使って、前もってよい選択肢が確実に手元にある状態を整えておき、そのタイミングがきたら「これでいける！」と納得して選びたい……。

でも、そうは思っていても、不確定要素や未来要素はたくさんあります。目の前にある条件や要素、経験だけではわからない身の回りで起きることや、新しい出会いなどです。つまり確実に想定できる未来などないのです。

じゃあ、どうやって未来を決める選択をすればいいのでしょう？

そこで大切なのが、「わたしの幸せ」とは何かを知っておくことです。

そもそもエモーショナル選力もロジカル選力も、「わたしを幸せにするため」の選ぶ力でしたね。

大きなことを成すときは、「そうしたい！」「それが欲しい！」という大きな感情の、つまりエモーショナルなパワーが必要です。そしてこのエモーショナルなパワーの延長線上に、いつ、どのようなときも追求したい「わたしの幸せ」があります。

わたしが幸せになる未来に向かって、わたしが欲しい未来に向かって進んでいくパワーは、まさに生命力そのものです。

わたしが心の底から感じる幸せとは何か。
わたしはどんなふうに生き、どんな人生を送りたいのか。
何を大切にしたいのか。

これらがつねにわかっていれば、それが人生の節目における判断軸になります。判断軸があれば、突進力となるエモーショナル選力も、必要なものを判断するロジカル選力も、発揮しやすくなるのです。

この章の前半では、エモ＋ロジ選力を使いこなすために、

- **生きるうえで実現したい「わたしの幸せ」を知っておくこと**
- **人生の節目であるキャリア、からだ、ライフのお転機を知ること**

の2つについてお伝えしていきます。

エモ（心・感情）＋ロジ（頭）選力は、人生の荒波を乗り切る「サバイバル力」です。経験や知恵、生存本能としての感情や感覚のすべてをフル活用しながらも、冷静な判断を下し、心からわたしが幸せだと感じられる選択をしましょう。

THE CHOICE

20

不安な未来を楽しみに変える「わたしの幸せ」ビジョン

人生はエモ＋ロジ選力で選ぶ❶「ビジョン」

人生の大きなタイミングで、エモ＋ロジ選力を使ってスムーズに選ぶために重要なことは、「わたしの幸せ」を洗い出すことです。

STEP0でお話ししたように、これからの時代の変化を見据えたとき、明るい未来のシナリオも、厳しい未来のシナリオも描くことができます。社会のしくみや価値観、生活が急激に変化することで、モノや体験だけではなく、生き方も選び放題という人生をカスタマイズする時代になります。

これまでのようなロールモデルやモデルコースが不在の中、つまり何がいいのか、正しいのかがわからない中、どのような人生を生きたいかは、自分で考えて答えを見つけるしかありません。

「わたしが心地よい」ワーク＆ライフを、わたしらしく、わたし優先でデザインしていかなければならないのです。

これからの未来に対する「不安」をエネルギーとして使おう

日々の生活や、人生の岐路で、「このままでいいのかな」「この先どうなるの」「どうすればいいの」と不安に思ったり、迷ったりすることはあります。目の前のものに対するその都度の選択をうまくやっていても、ふと先の未来に目線を向けたときに、見えない先を想像して、不安になるのです。

この本を書いているわたし自身、会社を辞めて独立してから、不安はたくさんあります。

よく「会社員だったときといまを比べてどう?」と聞かれますが、そんなときは、「前は不満と不安があったけど、いまは不満はなくても不安はある」と答えています。

でもそれは仕方ないこと。どんな不安も、「未来をよくしたい」と思っている裏返しです。何をするにしても、リスクがゼロということはないのと同様に、未来を描く上で不安はつきものと言えます。

それなら、不安という気持ちそのものをエネルギーとして活かしましょう。

不安な要素を予想して、それを踏まえてどう動くか、柔軟に対応していくことで、不安を乗り越えて楽しい未来に変えていくことができます。

不安な未来を楽しみに変えていくコツは、次の2つです。

1 **わたしの幸せな人生を描くこと**

2 **わたしの幸せな人生に続く道を柔軟に軌道修正しながら進むこと**

まずはひとつめのコツについて説明していきます。

「わたしの幸せ」は、人生を導く北極星

幸せな人生を選ぶために、「わたしの幸せ」を描きましょう。

これまでしつこくお伝えしてきたように、上手に選ぶには、「わたしが欲しいもの」である目的をはっきりさせなければいけません。

「わたしの幸せ」とは、目の前の選択のその先にある、長期的でより大きい目的です。

そのような長期的な目的を「ビジョン」と言います。

ビジョンとは、空で光り輝く北極星のようなものです。迷い、悩んで、不安で、なかなか出口を見出せず、いまやっていることや手にしているものにさえも自信をなくしてしまった……。そんな暗闇の中でも、北極星を見つけられたら？

自分のいまいる場所、行くべき道、行き先を見出し、安心できるはずです。

人生においての北極星＝ビジョンが、「わたしの幸せ」です。自分の行き先を絶えずガイドしてくれるものです。

この北極星があれば、光の照らすほうに、不安にならずに向かっていけますし、道を外れてもすぐに修正することができます。

では、「わたしの幸せ」とは何でしょう？　それを探すために、エモーショナル選力を最大化しましょう。わたしの幸せは、わたしの大欲望だから。

幸せと思うことは人それぞれ。人それぞれのありたい様《よう》でよいのです。

具体的に想像してみてください。おしゃれなインテリアに囲まれた、贅沢なホテルの一室。そこでは、いつも美味しい食事が用意され、日中は好きなように過ごせて、夜は心地よいベッドで眠ることができます。にこやかなスタッフがどんな要望にも応じてくれて、最先端の医療も受けられます。まさに至れり尽くせりの環境。そこで一生過ごすことを想像してみてください。

「わたし」は幸せですか？

そうとも、限らないですよね……。

では、あるがままでいられる環境で、あるがままに過ごしたら、もっと幸せに違いない？

では、わたしの、「あるがままの幸せな姿」とは、どんな姿でしょう？

多くのものを手に入れるのが幸せとは限りません。かといって、すべてを手放すのがよいとも限りません。

「幸福に外部の条件は関係ない。心のもち方に依存するのだ」とは、アメリカの著名な経営者であるデール・カーネギーの言葉です。つまり、ステレオタイプな考え方にとらわれ、世間や周囲からの評価を気にして、「これが幸せ」「〇〇があるのが幸せ」「〇〇がないと幸せじゃない」などと思う必要はないのです。

何よりも大切なのは、「わたしは何が心地いいのか」「わたしは何が欲しいのか」がわかることです。

他人に迷惑をかけないように、社会ルールをしっかり守るように……そうやって、社会生活をしっかりと営んでいるわたしたちは、自分の欲求に無頓着だったり、自分の欲求にフタをしたりすることに慣れてしまって、自分が何をしたいのか、何が欲しいのかがわからなくなっています。

もちろん、社会のルールや他者への思いやりは大切です。けれども、それと自分の欲求を満たすことは、相反することではありません。

社会や個人の価値観が変容し、多様化しているいま（つまり、みなが同意する正解なんてない！）、最もブレない指針は、「わたし」です。

「わたしが幸せ」と思うことを大切に、幸せと思えることを選びながら、もっと先にある幸せなありたい姿や人生に近づいていけばいいのです。

「わたしの幸せ」を書き出すワーク

次の○○に当てはまるものをできるだけたくさん書き出しましょう。

- わたしは、○○のときが幸せです。
- わたしは、○○の場所にいると幸せです。
- わたしは、○○と一緒にいると幸せです。
- わたしは、○○をしていると幸せです。
- わたしは、○○があると幸せです。
- わたしは、○○されたときに幸せです。
- わたしは、○○を感じるときに幸せです。
- わたしはいま、○○だから幸せです。
- わたしの未来は、○○だから幸せです。
- わたしは、○○を失うと幸せではないでしょう。
- 最期のときに、「自分をもっと幸せにしてあげればよかった」と後悔するとしたら、どうしてでしょう？　何があると、何をしたら、わたしをもっと幸せにできますか？

わたしの人生の北極星（ビジョン）を探すワーク

自分が人生の後半でどうなっていたいか、その姿を思い浮かべ、思いつくままに書き出してみてください。仕事、家庭、お金、時間、人間関係、趣味、能力、人格……。「こんなの無理に違いない」と自分で制限を設けず、「何でもできる」「何でも手に入れられるなら」と自由に想像してみてください。

また、他人の目や評価を考えず、それは「自分」が本当にやりたいことか、意識してみてください。そして、その想像は否定形ではなく、たとえば、「独りじゃない生活」ではなく、「愛しい人といる生活」というふうに、肯定形で考えましょう。

- **もう出ない！　というところまで書き尽くしたら、一度そのノートを見てください**
- **同じような言葉をまとめていくつかにグルーピングしたり、重要なものをピックアップして、整理します**
- **最後に優先順位をつけましょう。よりわたしが幸せと感じる要素、人生に影響が大きい要素が、重要項目としてリストの上にくるはずです**

THE CHOICE

21

人生の節目は「お転機予報」で先取りして選ぼう

未来を不安から楽しみに変える選択をするために、2つのコツがありましたね。ひとつは「わたしの幸せな人生を描くこと」でした。そしてもうひとつのコツが、「わたしの幸せな人生に続く道を柔軟に軌道修正しながら進むこと」とお話ししました。

わたしたちを取り巻く状況は日々変化します。その変化により、わたしたちの日常や未来も影響されます。「わたしの幸せな人生」という北極星に向かって歩んでいた道が途絶えたり、いつの間にかコース外になっていたり、上り坂や下り坂になるかもしれません。だから、わたしたちは、変化を早めにキャッチしたり、事前に想定することで、北極星に続く道を柔軟に選び、軌道修正しながら進む必要があります。

そのためには、「自分の人生の節目とは何か」をまず知っておくこと。そこから始まります。

進む道を「お転機」のタイミングで軌道修正しよう

人生の節目とは、重要な選択の機会が多いときのことです。節目は、「わたしの幸せ」という北極星に向かって道を進む中で、道が間違っていないか、それていないかどうか、進捗を確認し、管理するタイミングにもなります。

STEP1の選び上手マインドの章で、何かを選ぶときには、締め切りをもうけることの大切さを説きました。

人生の節目をひとつの締め切りととらえ、タイムリーに（時機を逃さず）選択していくことは、いまのステージを大切にしながら、次のステージの準備をすることにもなります。その節目の準備をしやすくするのが、人生の「お転機予報」です。

わたしたちの人生は、「お転機」に大きく左右されます。

大きく分けて、仕事のお転機、からだのお転機、人生のお転機の3つがあります。

- **仕事のお転機……就職、異動・転勤、転職、昇進など**

- **からだのお転機……体調、体形、美容、病気、更年期など**
- **人生のお転機……出会い、恋愛、結婚、出産、離婚など**

空のお天気と同じで、これらは事前に備えておけば、もしものときも、余裕をもって対応することができます。お転機の前後には、重要な選択のタイミングがやってくるということを心して、早め早めに予想し、準備しておくのです。それにより、エモーショナルな気持ちの部分を大切にしながら、落ち着いてロジカル選力を使い、納得して選ぶことができます。

中でも仕事やからだのお転機は、突然なこともももちろんありますが、起こりやすい年頃はわかります。

たとえば30歳、40歳、50歳などの節目はお転機予報が必要なときです。

人生も、仕事も、一番フル回転する30～50代の間は、異動や昇進、転職などの選択肢が出てきます。

その一方で、からだの面では、体力や美肌力が下降し、女性系の病気に気をつけなければならない時期です。女性ホルモンの変化のために、からだと人生への影響、それによるキャリアの影響や変化が大きくなるのも女性の特性です。

また、忘れてはならない人生のお転機が結婚や出産です。

人生の中で大きなマイルストーンとなる転機ですが、昔のように「その時期がくれば」とは自然にはいかないもの。新たなお転機を呼ぶも呼ばないも、そのタイミングも、自分で選んで行動を起こさなければお転機は起きません。

自分の人生のどのあたりに人生のお転機をもってくるかは、大体のタイミングがわかる仕事とからだのお転機を読みつつ、自分自身で設定して、早めにデザインしていくことが大切です。

デザインとは、

- **その時期、わたしが何を大切にしたいか**
- **何を得たいか**
- **何にフォーカスしたいか**

について考えて、わたしが欲しい人生そのものをカスタマイズしていくことです。

そのカスタマイズ作業にこそ、エモ＋ロジ選力を使います。そうすることで、人生のお転機を、心を満足させながらも、矛盾なく選んでいくことができます。

エモ＋ロジ選力を使って後悔なく、納得して選ぼう

たとえば、わたしの友人Y子がエモ＋ロジ選力で選んだ人生の大きな選択「結婚」の例で説明しましょう。

Y子は、35歳で、5年間付き合っていた彼との結婚を選びました。

まず彼女が設定したのは、目的です。結婚することがゴールではありません。「わたしにとっての幸せな結婚生活とは？」を考え抜きました。

彼女の欲しい結婚生活は、「両親のような、お互いの家族も大切にする、家族の絆の強い家庭」。旧家の出である彼女は、祖父母や親戚との交流も深く、しっかりと家族を守り立てていくお母様の姿が浮かんだようです。

また、彼を好きかどうかのエモーショナルな部分は大事な要素です。「この人と一緒にいたい」「この人の子どもを産みたい」などと思う情熱は、結婚という一大事業を成し遂げる最大のパワーであり、エモーショナル選力のよりどころとなります。

人生のお転機「結婚」を エモ＋ロジ選力で選ぶ

1 エモ選力で「目的」を決める

「わたしの幸せな結婚生活」とは？

両親のような、お互いの家族も大切にする、家族の絆の強い家庭にしたい

▼

2 エモ選力で方向性を確認

本能の声は？

「この人と一緒にいたい」

「この人の子どもを産みたい」という情熱や愛情

▼

選択肢
❶エモ選力に従い結婚
❷結婚しない

3 ロジ選力で選択肢を評価

理想の家庭生活をチームとして作る能力や必要条件のチェック（影響力マトリクス）
評価項目は、生活力や金銭感覚、仕事力、健康、愛情、性格、価値観、友人付き合い、家族関係など

▼

4 ロジ選力で選択後をシミュレーション

選んだ後のメリット・デメリットの洗い出し（プロコンリスト）
メリット：家庭環境が近い、価値観が近い、家族の絆を一緒に紡げる、愛されている

デメリット：親戚付き合いがヘビー、自分のキャリアと重ならないのでキャリアシフトが必要かも

▼

決定！ ❶エモ選力に従い結婚

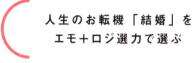

しかし、単にお付き合いとして一緒にいるのとは違い、結婚となると、長期間に渡り家族として生活を一緒にしていくという契約を結ぶことになります。「好きだから結婚を選ぶ」というエモーショナルに選んだことを補強するために、ロジカル選力で1チームとして生活ができることに必要な条件を満たし、実現可能かどうかを考える必要もあります。

ということで、目的とする家庭生活をチームとしてつくる能力や条件を、P136で行った「影響力マトリクス」で検討しました。たとえば、金銭感覚は、お金使いが荒いかどうか、借金があるかだけでなく、どんなことにお金をかけるかというお金に対する価値観をチェックしたそうです。

さらに、仕事のお転機を考えながら、結婚後に、自分が得たいものを手に入れられるかどうか、幸せを感じられるか、タイミングはいまなのかの確認も必要と考え、ロジカル選力を使ってP142から学んだ「プロコンリスト」を使い、メリットとデメリットを書き出してみました。

前ページの図を見ると、彼と結婚するメリットには、彼との家庭環境が近く、価値観が近いこととあります。しかし一方で、マイナス要素もあります。東北出身の彼の家は親戚付き合いが濃厚であること、彼が海外転勤の可能性が高いこと、その時期は自分のキャリア形成にとって大事な時期と重なりそうなので、キャリアアップを諦めなければならないかもしれません。

どんな選択をしても、リスク、よくない点、不安や心配などのマイナス要素は必ずあります。でも、プロコンリストで客観的に吐き出す（並べる）ことによって、その不安や心配を軽減する対策をとれたり、もっと大切なことのために諦められたり、あるいはそれほど重大なことではないとわかったり、あるいはそれでも乗り越えていこうと思えたりするかもしれません。

リスクもすべて織り込み済みで選ぶことにより、その後に難しいことがあっても、前向きにとらえていくことができます。

彼女は、「すべて書き出してみて、メリットのほうが少し多かったから、結婚してもいいと決めたの」と長い春の結末としての選択を、別れではなく結婚にしました。

ちなみに彼女は、キャリアに関しては一度休職しても戻れるような評価や社内関係をつくりつつあること、親戚付き合いは大変だけれど、それは彼女の目的「家族の絆の強い家庭」に合っていることも確認しました。これまで一心にキャリアアップを目指してきた道を軌道修正し、人生の節目である結婚を選び、あたたかな家族と仕事のある人生をデザインすることにしたのです。

このように、ビジョン、お転機を考えてエモ＋ロジ選力で選ぶことで、マイナス要素があっても、それらをただ不安に感じたりウジウジ悩んだりするのではなく、心も頭も腹にも落とし込んで選ぶことができるのです。

仕事や人生、からだのことなどは、ときには期限もあるという事実を知っておきましょう。

その上で、諦めるのではなく、先延ばしにせず、早め早めに選んで、自分が幸せでいられるワークとライフをカスタマイズしていきませんか？

予想がつくことは、前もって「そのときが来たらどうするか」を考えながら、少しずつ準備と対策を始めましょう。

そして、タイムリーに選ぶこと！

お転機を味方につける秘訣です。

THE CHOICE

22

人生はエモ＋ロジ選力で選ぶ❸「キャリアシフト」

仕事のお転機をとらえてわたしらしく生きよう

仕事、からだ、人生の3つの大きなお転機についてお話ししました。からだのお転機は大きな影響力をもちますが、仕事のお転機も、人生全般に影響力をもつので、少しお話ししておきたいと思います。

ちなみにわたしがここで話す仕事とは、広く「社会とつながる営み」のこと。会社でお給料をもらう職務や起業独立、副業だけでなく、ボランティアやPTAなどの報酬を伴わないものもあります。社会の中で、誰かのために役立つこと、やりがいや生きがいにもなるものを仕事ととらえています。

「仕事をする」と一口に言っても、どんな仕事をするのかという中身から、どういう働き方をするのかまで、いろいろと選ぶことができます。

たとえば、仕事をしていると、次のようなことを考えませんか？

- **いまの仕事を続ける？**
- **異動を希望する？**
- **少し仕事をペースダウンする？**
- **いまは自分のプライベートを後回しにしてもがんばるとき？**
- **いったん辞める？**
- **転職する？**
- **出世を目指す？**
- **もっと専門性を伸ばす？**
- **新しい専門性を身につける？**
- **キャリアアップの勉強をする？**
- **起業する？**
- **副業を始める？**

いまの仕事に違和感を感じながらも、一歩を踏み出せないことって、ありますよね。
かつてのわたしも「わたしらしく働くって何だろう？」と思っていました。そしていまのわたしの周りにも、「本当にしたい仕事なのか、自信がない」「好きなことで稼いでいけるかわからない」「もっと仕事にモチベーションをもちたい」などと悩み、足踏みをしている人はたくさんいます。

これらはすべて、仕事でのお転機の迷いです。でも、仕事でのお転機の選択に迷ったときも、やはり人生やからだの転機の選択と同じように、

- **その時期、わたしは何を大切にしたいのか**
- **何を得たいか**
- **何にフォーカスしたいか**

を軸に、収入や時間の使い方、働き方を選び、デザインしていくことが必要です。

たとえば、わたしの場合、安定した大企業から、何の保証もない独立の道を歩み出すというのは、まさに人生を変えるとても大きな選択でした。

始まりは、35、36歳のときです。第一子を産んで復帰後、保育園のママ友たちがさまざまな事情で仕事を続けるのを諦めていく姿を見て、「もったいないな」「まだまだこの環境では、日本の女性活躍は難しいのでは」と疑問をもったこと。

そして、わたし自身も、子どもを保育園に送って、時間内に仕事を終わらせようと社内を走り、急いでお迎えに行くという、朝から晩までずっと走り回っているような感覚の中で、「いまの仕事は、子どもと離れてまで、わたしの人生にとって意義のあることなのだろうか」と考えることもしばしば。当時はまだ女性活躍がいまほど進んでいない世の中でもあり、自分が何をやりたいかわからないけれど、「このままではいけない」という気持ちがムクムク湧き上がり、会社を辞め、独立するという選択をしました。

これだけ聞くと「なんと無謀な！」と思われますよね。

このときの選択に至るまでの過程を、具体的にひも解いてみます。

まず、「いまのままの生き方は何かが違う」と感じ、「子どもとの時間を大切にしながら、ミッション（女性活躍？）のある仕事をしたい」という目的を設定しました。

次に、エモーショナル選力で方向性を選びます。「何か違うかも」と思いながら、いまの仕事をすることも苦しい。もうキャリアの未来を描くことも難しい」と、辞めたい気持ちでいっぱいだと確認。

次に、ロジカル選力で選択肢をつくります。辞めたい気持ちは強いけれど、不安もたくさんあります。辞めた場合の選択肢（前のファッション業界に戻る、同じ外資に転職、専業主婦、起業など）を出して、それぞれの選択肢を評価した結果、専業主婦や転職はないと判断し、「いまのままvs.独立」の2択と考えました。

さらに、ロジカル選力で選択後をシミュレーションしました。ただ比較しても、安定しているいまのほうがよいに決まっています。そこで、自分のビジョンとお転機を考えました。現在の職場は、子育てをする上で安定した制度が整っているけれど、30代半ばという年齢で独立すれば、キャリアを積んできた経験と、挑戦できる気力、もし失敗しても再度やりなおせる気力・体力、素直さがあります。子育ての時間をとりながら、自分が思い描く人生をデザインできそうです。

最後に、エモーショナル選力で確認します。独立して、いまもその先も自分のビジョンに近い人生を送りたい！　という気持ちに気づきます。いまの会社で女性の活躍を応援する仕事をすることもできるかもしれないけれど、いまどうにかしたい、P&G以外の人に伝えたい。それならば、辞めて、外で活躍するしかない。

このような流れで、エモ（辞めたい）→ロジ（人生とキャリアの目的を叶える選択肢づくりと評価、シミュレーション）→エモ（ビジョンを実現したい！）で、辞める選択をしました。

エモ＋ロジ選力で選んだ「わたしの働き方」

1 「目的」を決める	**わたしの幸せは、「子どもとの時間を大切にしながら女性活躍応援の仕事をすること」** 「いまのままの働き方は何かが違う」 「子どもと一緒に過ごしたい」「何のために働くのか」

▼

2 エモ選力で方向性	**現在の状況、未来に感じること** 「罪悪感」「違うかも…」「未来を描けない」 →辞めたい気持ちでいっぱい

▼

3 ロジ選力で選択肢をつくる	**選択肢のリストアップと評価** 子どもとの時間や、やりたいことにかかわる条件で評価

▼

選択肢 **❶いまのまま**
❷会社を辞めて独立

4 ロジ選力で選択後をシミュレーション	**ビジョンとお転機を考えてリスクを評価** 独立のリスクと 未来の行動力、いまのやりがい

▼

5 エモ選力で選ぶ	**選択肢を冷静に評価し、デメリットもわかった上で、どうしたい?** 自分のビジョンに近い人生を送れる！ P&G 以外の人に伝えたい！

▼

決定！ **❷会社を辞めて独立**

そして、いまではというと、研修事業として女性のリーダーシップ、コミュニケーションなどを企業や自治体でお伝えしたり、企業へブランディングや商品の価値づくりをアドバイスしたり、女性バランス力ブランド「ＴｈｅＬＡＤＹ.」を立ち上げたりしています。なんだかいろいろなことをバラバラしていますが、わたしの中では一貫して、「女性の活躍応援、女性の幸せ応援」にかかわる仕事です。

このようなわたしの経験から、「踏み出したいけど……」と足踏みしている人は、初めの一歩をエモ＋ロジ選力で洗い出し、スタートしてみてもいいのではないかな、と思います。もちろん、いまいる場所でスキルを磨き、異動や昇進をしてキャリアを重ねていくのも素敵です。迷いながら、悩みながら進むのはありということです。

どんなときも「わたしの幸せ」「わたしが大切にしたいこと」にフォーカスしていけば、描いたわたしの幸せ、未来（ビジョン）に向かっていきます。

そして、隣の芝生はどこに行っても青く見えるもの。人を羨ましがるより、人の目を気にするより、未来に漠然と不安を抱えるより、いまをただ不満や焦りで過ごすより、わたしが何をしたいか、自分の大切な人生の時間を誰のために使いたいのか、「わたしのＧＯＯＤ」を見つけましょう。

幸せに生きていくために
キャリアシフトを想定しよう

人生100年時代を迎えるわたしたち。まだ見たことのない世界は、年金も当てにできない、老後は食べていけるかわからない、仲間や愛する人と一緒にいられるのか、健康で好きなことをして楽しく暮らしていけるのか、不安と期待でいっぱいです。
そんないまの時代に生きるわたしたちだからこそ、仕事は、どのようなかたちでも続けていったほうがいい。

これまでよりもずっと「仕事をする人生」が長いとしたら（60歳定年ではなくなるので、70歳でも80歳でも働く人が増える。あるいは、60歳で定年を迎えたらあと40年何をする？）、ひとつの仕事をコツコツと続けるだけではなく、専門性を広げる、変えるなどのキャリアチェンジが必要になります。

アムラーで一世を風靡したアーティストの安室奈美恵さんも、40歳にして引退を決めました。ファンとしては残念ですが、まさに25周年でご自身の夢（大ホールでサヨナラコンサートをする）をかなえ、次のステージに飛び出します。特集番組の中で「歌って踊るはもう目いっぱいやったから次へ」と人生の次のステージを見定めて語っていました。まさに、そのような時代です。

　わたしの周りにもキャリアシフトを選んでいる人はたくさんいます。50歳で転職をする人、30歳で独立した人、専業主婦を20年した後にイメージコンサルタントとして起業した人、離婚して子ども向けの学習塾を開いた人、医師を辞めてお料理教室を始めた人、起業家から会社員になる人、企業人からＮＰＯ活動を始めた人などです。

　きっと、いつからでも、どんなかたちでも、キャリアシフトは可能です。

「もう遅いかも」「わたしなんて」「自信がない」なんて思わずに、充実したいまと未来のために、エモ＋ロジ選力を使って前向きに進化しながら、「わたしが幸せ」になる仕事とキャリアライフを選んでいきましょう。

　次のページは、「わたしが幸せになる仕事」を選びとるための基礎となるワークです。

わたしが幸せになる仕事を選びとるワーク

- どんなキャリアを築いていきたいですか？（ビジョン）
- 何をやりたいですか？　何が好きですか？　得意ですか？
- 誰に貢献したいですか？　その人は何があったら笑顔になりますか？
- これからもっと伸ばしていきたいこと、挑戦したいことは何ですか？

THE CHOICE

23

意識的に「よい関係」を選び、人生を豊かにしよう

さて、3大お転機のほかにも、日々の中で、人生の中で、大きな選ぶシーンはどんどん押し寄せてきます。

そのひとつが、人間関係にまつわること。

最も幸福な人たちとそうでない人を比較したある研究（＊8）があります。肯定心理《ポジティブ・サイコロジー》学者のマーティン・セリグマンとエド・ディナーによると、2つのグループの違いを生み出している〝唯一の外部要因〟は、「豊かな満ち足りた人間関係」があるかないかでした。また、心理学者のアドラーは、「人間の抱える全ての悩みは、対人関係の悩みである」と言い切っています。

わたしたちは、大切な人との関係がうまくいかないときもあれば、仕事や親戚付き

合いなどで苦手な人とお付き合いしなくてはならないときもあります。よい関係があるかどうかは、人生の幸福度に、より影響します。人生を豊かにするためにつくりたい関係は、次の大中小3つです。

1 クローズな関係
2 同志や仲間
3 枠を広げたコミュニティ

この3つの関係づくりにおいても、エモ＋ロジ選力を使って選んでいくと、うまくいきます。

まずひとつめの「クローズな関係」。これは、少数の友人や家族など、心から信頼できる人と親密な関係をつくること。家族や心許せる友人などですから、エモーショナル選力を使って選ぶのは当然です。

2つめは、「同志や仲間」です。同じ学校や仕事の関係、趣味、社会活動などで、同じ志や方向性を共有できる同志のような仲間やママ友、地域の人たちなどは、これにあたります。「同じところに属している縁で助け合える人たち」です。必要な情報交換や集まりを通じて、帰属感や安心感、目的達成のために協力関係を得られます。

この仲間づくりにおいては、ときにエモーショナル選力だけでなく、ロジカル選力も組み合わせて選び、つくり上げていくのがおすすめです。

わたしたちが「社会とつながる営み」を行うには、この仲間づくりが欠かせません。特に女性は「共感」が強い生物ですから、同じ状況や環境にいる人とはとても馬が合います。「わかる」と言い合えて共感し合える人＝自分を理解し認めてくれる人がいると、充実して生きられるのです。

一方で、共感できない人とは、関係性を維持するのが難しいこともあります。つまり、人間関係を「好き・嫌い」のエモーショナル選力で選びがちなのです。

しかし、「豊かな満たされた人間関係＝好きな人、付き合いやすい人だけ」とは限りません。たとえば、周りに次のような人はいませんか？

- いつも必要なことだけ短く言われるし、ちょっと怖くて苦手……。あまり好きなタイプではないけれど、仕事は早いし正確だから、結局お仕事をお願いしている
- いつもダメ出しばかりされるけれど、責任は必ずとる上司だから、安心して仕事

がができる

- 学生時代から気が合うタイプではないけれど、彼女がいつも同窓会を企画してくれるからありがたい

たとえ苦手と感じていたとしても、自分の目的を達成したり、自分が成長するために、ロジカル選力を使って、必要な人と「よい関係」をつくることはできます。人間関係を意識的に選ぶことで、成果を上げるパワーをもつ人脈が広がります。

それは、決して策略的だったり、打算的だったりするというのではなく、「コラボレーション力」や「巻き込み力」を上げるということ。

協力関係が広く強ければ、その分目的をかなえるチャンスが増え、リスクを減らし、実現力が上がります。ひとりでは難しいけれど、誰かと一緒にやれば、より大きなことができます。もちろん、自分が役立つ場面も増えます。

ロジカル選力を使って付き合う仲間を選ぶときの軸は次の２つです。

1 **実現したいことへの影響力をもつ人**
2 **人脈が広く、つながりたい人につながる人**

その人の「影響力」を意識して関係をつくりましょう。

ちなみに、そうは言っても人脈作りが苦手……という方には、２の人脈のある人と仲良くなることをおすすめします。こういう方は、概して世話好きな「いい人」が多いので、こちらも気負わずにお付き合いできます。


人脈が広がっていくことで、それは３つめの「コミュニティ」となります。

バーチャルでもリアルでも、いまの人脈の枠を拡げ、社会的な交わりや情報交換、広く知見や興味を広げる機会をもつことが、これからの時代、より重要になります。

あえて、いまの人脈の外にある異業種や新しい趣味に飛び込んだり、友人の活動についていってみたり、知人に会いたい人を紹介してもらったりするなど意識的に枠を広げていきましょう。お付き合いが多ければ、人脈の数だけでなく、興味や知識、情報源も広がり、チャンスが生まれます。

人間関係は、見つけるものではなく、育むもの。近くの人を大切にしながら、意識的にエモ＋ロジ選力を使って関係を広げ、ワークもライフももっと豊かにハッピーにしていきましょう。

エモ＋ロジ選力で、
豊かな「人間関係」をつくろう

1 クローズな関係

近く、大切な人は、
エモーショナルに選ぶ

---

2 同志・仲間

エモーショナルだけでなく、
ときにロジカルに、
「影響力」のある人を選ぶ

---

3 コミュニティ

人脈が広がることで、
人生も、可能性も、
生き方の幅も広がっていく

THE CHOICE

24

人生はエモ＋ロジ選力で選ぶ　応用編❷「複数の人」

人を巻き込むときは、目的を一致させて選ぼう

これまで自分のための選択を見てきましたが、日々の生活では、自分以外の人にも影響が及ぶ選択を行う場面も多々あります。

STEP3の章で友人たちとの旅行を例にしたように、プライベートでの食事や旅行、趣味の活動など複数の人がかかわる選択を行う機会は多々あります。また、どこに住むかなど家族全体に影響のあることもあります。さらに仕事では、複数の人がかかわるチームの選択や、取引先に影響のある選択をすることもあります。

何かを選ぶことに人がかかわるということは、その人数に比例して、価値観が違ったり、利害が対立したり、判断基準が違ったりするなどというバラつきが多くなるということ。それだけ衝突が起きる可能性も増します。

ですから、スムーズに選ぶには、いかにしっかりと関係する人たち全員を巻き込み、どれだけ目的や価値観を同じ目線にそろえられるかが肝です。

そのために、次の4STEPを踏みましょう。

STEP1 「共通の目的=わたしたちは何が欲しいのか」を確認し一致させる

STEP2 意見を出し合い、異なる意見も尊重して、目的を達成する選択肢を練り上げ、検証する（ロジカル選力）

STEP3 目的が達成したときの「ワクワク」を想像してやる気を上げる（エモーショナル選力）

STEP4 その選択を実行するときの、役割と責任を確認する

この4STEPにより、選択にかかわる人や自分の代わりに選ぶ人の当事者意識とコミットメント（約束、やりとげる意思）をアップさせることができます。

例を挙げてみましょう。前職で、パンパースとベネッセさんのアライアンス事業を担当していたときのことです。新しい取り組みを始めたいと両社は思っていたのですが、なかなか先に話が進まず、実現化が難しい状況にありました。同じ組織ではないので、仕事の進め方や決裁の取り方、気にするポイントなど、各社の様々な事情が違います。それを乗り越えるために行ったのは、共通の大目的（ビジョン）をつくること。両社が納得し共有できる目的を設定するところから始めました。すると、いままでにない素晴らしいアイデアが次々と出て、それぞれの役割や責任（コストも含め、どちらが何をするか）もスムーズに決まり、一挙に共同活動が前進し実現しました。

つまり、人を巻き込む選択は、「共有できる目的を設定できるかどうかがすべて」と言っても過言ではありません。

全員が納得できる「目的」を設定し、長期的なリスクを考えよう

これは仕事だけでなくプライベートでも同じ。STEP3のロジカル選力の事例でとりあげた、女友だちとの旅行を思い出してください。はじめに目的をはっきりさせずにアイデアだけ出し合ったら、「わたしはイタリアがいい」「わたしは沖縄がいい」と選択肢のぶつけ合いになり、どれを選べばいいかの判断基準も曖昧なまま、旅行に行く前に険悪な状況になってしまうかもしれません。

プライベートでは感情が伴うので、さらにその利害関係は複雑です。

ある後輩が、次のような選択の相談をしてきたことがあります。

「今度結婚式を挙げるんですけど、わたしはずっとハワイの海が見える教会で式を挙げることを夢見ていたんです。だけど、彼のお母さんが、『腰を悪くして、飛行機に長時間座れないから、海外ウエディングはやめてね』って。彼のお姉さんまで出てきて『家族全員で海外に行くなんてお金もかかるからやめて』と言うんです。

でも、ハワイでのウエディングはわたしの夢で……。それに、わたしの両親があまり海外に行ったことがないので、この機会に連れて行ってあげたい。日本とハワイの2カ所で式を行うほどお金はかけられないし。どうやって選べばいいんでしょう？」

彼女にしてみれば、「結婚式はわたしたちのもの、自由に理想どおりにしたい」と思っているのでしょう。これが彼女の目的です。

しかし義理のお母さんやお姉さんは、みなで2人をお祝いし披露する機会だから、当然「みなが出席できる環境を整えるべきだ」という目的で考えているのでしょう。

これでは、双方の目的が違うので、選択肢のハワイか日本かだけで比べていても、その差は縮まりません。

この場合、共通の目的にするために、どちらかの目的に統一するのか、または新たな目的を設定するべきか、考えます。

ちなみに、どちらかの目的に統一するか決めるなら、わたしなら、義理の家族のリクエストを尊重します。

なぜなら、これから何十年も新しい家族としてやっていく最初の一歩で相手に不満を与えることは、その後の「幸せな結婚生活」を脅かすリスクが高いからです。

人生に大きなリスクがある場合は、それを避ける選択をすべきです。

結婚式よりも、結婚生活のほうが大事ですから。

「幸せな結婚生活」という大目的を忘れてはいけません。

たとえば、日本で結婚式と披露宴を行い、数年後にハワイ挙式を実現してもいいでしょう。あるいは新婚旅行をハワイにし、ご両親も連れて行って、ささやかに挙式を行うのでもよいと思います。教会で式だけならば、それほど費用もかかりません。共通の目的を「お披露目は家族だけにする」と決めて、ごく身内だけのお食事会というシンプルな形を選択することもできます。その上で、新婚旅行先をハワイにし、挙式を両親やごく親しい友人に立ち会ってもらうこともできるでしょう。

みなの気持ちをひとつにすることに向けて、柔軟に、ロジカルに、共通の目的と選択肢を考えましょう。それにより、気持ちも納得する選択を下すことができます。

わたしの幸せ
＝みなの心がすれ違わないこと

いろいろな人がかかわるときは、
「わたしたちは何か欲しいのか＝目的」を一致させて選ぶこと
その基本は、お互いの信頼関係です

THE CHOICE

25

人生はエモ＋ロジ選力で選ぶ　応用編③「代わりに選ぶ」

大切な人のための選択は味方を増やして選ぼう

人生も、日々の生活でも、自分以外の大切な人に代わって選ぶ場面は多々あります。

プライベートでは、教育や病院、介護など、子どもや両親に代わり、選ぶこともあります。仕事では、後輩や部下のために最終判断を下すこともあるでしょう。

「わたしの判断、わたしの感覚で選んでいいのだろうか」と心配になったり、責任に押しつぶされそうになったりすることもあるかもしれません。

自分以外の人のための選択も、前項の人を巻き込む選択と基本は同じです。

「目的をしっかり確認して、合意しておくこと」が第一です。

家族の大きな転機だからこそ、ロジカルに、エモーショナルに選ぼう

人生においては、重大な選択のときがあります。

たとえば、家族の介護や病気の治療の選択などです。そして、その機会は、自分が年齢を重ねるごとに、どんどん増えていきます。

もしも大切な人の難しい選択を、すっかり任されてしまったら。

先日テレビで、ある女優さんが、もうご自身で選択できない状況のお母様の介護をしていたときの苦悩を話されていました。「どの病院で、どういう治療で、ということをすべてわたしが選んでいたんです。母が亡くなってしまったということは、わたしの選択が間違っていたということ……。わたしが母を死なせてしまったんです」と悲痛な思いを語っていました。

「わたしが選んだ結果、わたし以外の人に多大な影響、もしかしたらマイナスの影響が出るかもしれない……」と考えたら、怖いですよね。

大きな選択は責任がのしかかります。

だから、できるだけ選択をひとりで抱え込まず、他の人をうまく巻き込み、「味方づくり」と「選択の分担化」をしましょう。

たとえば、先の女優さんの場合、介護の目的をはっきりさせます。「できるだけ長生きしてほしいのか」「できるだけ苦痛なく過ごしてほしいのか」「お母さんがどういう人生の後半を過ごしてほしいのか」です（お母さん本人と話せればいいですが、この場合はそうではないので、自分のライフ事情と相談して決めるしかありません）。

そして、選択にかかわる人を次のように巻き込み、役割を分担します。

選択を進める1の「進行役」は、2－1〜4の「相談役」から選択に必要な情報を得ながら、一緒に考えてくれる味方を増やすことができます。

もしも4の体験役と話せるならば、考えや気持ちをよくヒアリングします。そうして、最終的に3の「選択役」がロジカルに判断できるよう、目的と情報を共有して選ぶサポートをします。

もちろん、「進行役」と「選択役」が同じ、相談役がいないというケースも多いかもしれません。そんなとき、この役割分担を思い出し、まず相談役を増やすことで、うまく味方づくりをしていきましょう。

大切な人に代わって選ぶときは、「味方づくり」と「分担化」を意識しよう

1. 選択の進行役（女優さん） 必要なタイミングで、 必要な人たちを巻き込んで、 必要な情報を集めます	**2-3. 相談役** （同じ経験のある友人や先輩）
	2-4. 相談役 （家族、親戚など）
2-1. 相談役（担当医） 選ぶために情報が欲しいとき、悩んだとき、 意見や情報を提供してくれる専門家や その選択について周知している人	**3. 選択役** （女優さん、担当医など） 最終的に選ぶ人
2-2. 相談役（第２オピニオン） 専門家やその選択について 周知している人	**4. 体験役**（お母さん） 選択による結果を受ける人、 体験する人

THE CHOICE

26

最後はエモーショナルに本能を信じて選ぼう

人生はエモ＋ロジ選力で選ぶ　おさらい編

ここまで、おつかれさまでした。この章の最後に、おさらいとして、この項目を入れました。

仕事もプライベートも大忙しで生きるわたしたち。日々、どれを選べばいいのか難しいシーンに遭遇します。

たとえば、こんな状況のときです。

- 大事なミーティングの前に保育園から緊急の呼び出しが！
- めったに会えない人からのお誘いと大事な取引先とのアポが重なった
- 重要なアポの前に後輩から涙ながらの悩み相談をもちかけられた

- 上の子と下の子の行事が重なって、どちらに出るか頭を悩ませた
- 親族の行事と参加したかった同窓会の日程がバッティングした

このように、仕事でもプライベートでも、「どちらも大切なのに、どちらかしか選べないとき」は、どうやって選びますか？

わたしたち女性が仕事をしやすい、選びやすい世の中になったとはいえ、特に仕事とプライベートのバランスについては、まだまだ大きな問題が一山も二山も隠れています。仕事とプライベートでは、それぞれ違う「ライフ」があって比較しづらく、そのはざまで悩むものです。

「ここぞ」という大事なときほど、「あっちか？　こっちか？」の選択を迫られて、頭も心もプチパニックを起こすのではないでしょうか。

そんなときは、ロジカル選力を使って次のＳＴＥＰで確認し、選んでみましょう。

STEP1 **まず深呼吸し、落ち着いて、状況を把握。足りない事実や情報をとりに行きます**

STEP2 **「絶対にわたしでないといけないか（代わりの人、方法などの可能性）」を確認します**

STEP3 **わたしでないといけないことから、重要度や影響度、実現のしやすさ、リスクを考えて、優先順位をつけます**

STEP4 **優先順位の高いことを選び、その他のことは、自分以外の人に任せます。**

さて、このようにロジカル選力を駆使して選んだものの、いざ選んで実行に移す段階で、悩むこともあるでしょう。

「頭ではわかっているのに気持ちがついていかない」

「気持ちは絶対やりたい！　だけど冷静に考えるとうまくいかなさそうだし、周囲も否定的」

などというように。

揺れる気持ちと冷静な判断とで、心と頭が相反して、どちらを選ぶべき？　と、エモーショナル選力とロジカル選力のどちらを優先するかの究極の選択を迫られます。

エモーショナル選力で選ぶか、ロジカル選力で選ぶかのどちらかを優先するとしたら、最終的にはエモーショナル選力を優先するのをおすすめします。

なぜなら、本能に近いものだから、「わたしの幸せに近い」と言えるはずです。

とはいえ、あくまで、エモーショナル選力とロジカル選力の両方をとことん考えた後の、最終結論にすべきです。ロジカルに事実や数字、論理、メリット、リスクを見極め、いまも未来も含めてシミュレーションし、人の意見も聞いた上での最終判断です。

自分が導きだした選択肢が目的を達成し、いま考えうるベストな回答だと強く感じたなら、本能のパワーを信じて、エモーショナルに選びましょう！

自分を信じて。

自分自身を信じてみるだけでいい。
きっと、生きる道が見えてくる。

ヨハン・ヴォルフガング・フォン・ゲーテ
（詩人）

STEP

5

失敗を減らす
選び方のヒント

もっとラクに選ぶためのヒント❶「シンプル化」

THE CHOICE

27

選び方を工夫して、もっともっとラクチンに選ぼう

さて、ここまでに、選び上手マインドや、選ぶ力の使い方や判断軸について、お伝えしてきました。

それでも、やはり慣れていないうちは、選ぶときに迷い、悩むものです。

そんなときは、ひたすら選ぶことをラクチンにすることを意識しましょう。

選ぶことをラクチンにするには、シンプル化することにつきます。

次の3つで、選択のシンプル化を心がけましょう。

1 **選択肢を減らす**

2 **パターン化して選ぶ**

3 あえて選ばない

1. 選択肢を減らそう

人は、選択肢が多いと選ぶことができません。選ぶことがストレスになるからです。それを証明する、選択に関する有名な「ジャムの実験」（＊9）があります。6種類のジャムを並べたテーブルと、24種類のジャムを並べたテーブルの2つを用意したところ、24種類のほうが試食は多かったものの、ジャムを購入した人は、6種類のテーブルのほうが、24種類のテーブルの10倍も多かったのです。

P&Gでシャンプーの商品数を減らしたら売り上げが上がったという事例からも、この「選択肢を少なくすることで、顧客のストレスを減らせる」ということがわかっています。選ぶことに対する負担（ストレス）を減らすことで、無意識のうちに選ぶのを放棄したり、納得しないまま初期設定や標準仕様を選ぶという失敗を減らせます。

選択肢を減らすには、3つの方法があります。

STEP3のロジカル選力の章で、選択肢をしぼっていく方法として、条件を満たさないものを切る「二段階選抜型」か、圧倒的にいいものをすくい取る「一点突破型」を紹介しました。

これに加えて、選択肢をしぼる方法の3つめが、選択肢を判断しやすいカテゴリーに分ける「分類法」です。

たとえば、スーパーに行って水を買おうと思ったら、何十種類も並んでいて、選べない……というようなとき。

二段階選抜型は、120円以上の水は除外と、一定の価格以下の選択肢にしぼることができます。一点突破型なら「おまけつきから選ぼう」と選択肢をしぼることができます。そして分類法は、硬水と軟水で分類したり、採水地（ヨーロッパ、アメリカ、東日本、西日本、富士山周辺など）や、メーカー、価格、いままで飲んだ経験など、自分が取捨選択の判断をしやすいカテゴリーに分ける方法です。

これらのどれか、あるいは3つを組み合わせることで、選択肢の数を3つ以内にしましょう。そうすれば、選ぶことがぐっとラクチンになります。

2. パターン化して選ぼう

パターン化して選ぶと、一気に選ぶのがラクになります。その方法は、次の2つ。

1 習慣化する
2 ルール化する

本書のP26で、「人は選択を1日に70回ほどする」という研究結果をご紹介しました。しかしこの研究結果は、平均的なアメリカ人のデータで、同じような質問を日本人にしたら、その数は66%程度(46回)に減るそうです。なぜなら、日本人は「朝起きて歯を磨く」というような習慣になっていることは、選択にカウントしないから。

それならば、習慣化することを増やせば、いちいちどれを選ぶか、何をするかに頭を悩ますことなく、選べますよね。毎日の起床時間、乗る電車、通る道、毎週金曜日の夜はカレーなどというように。

あのスティーブ・ジョブズがいつも黒いTシャツにジーンズと服装を決めていたのも、毎日の選択のストレスをなくす方法です。またわたしの知人に「女性ホルモンを増やすのに、色彩心理学によるとピンクを見るといいと聞いて、毎日365日ピンクを着ています」という人がいますが、この方法は、買い物も、毎日何を着るかも悩まず、毎日ハッピー気分でいられる、選択の習慣化です。(ちなみにその方は、とてもセンスよくピンクを着こなしています)

また以前わたしが、「ブログに何度かチャレンジしたものの、続かない……」と友人に吐露したときに「毎日同じ時間にアップしたら?」と、習慣化のアドバイスを受けたことがあります。

それまで続かなかったのは、「何を書こう?」「何字くらい書けばいいだろう?」と選ぶことが多くて、書くことができなかったのです。「内容は何でもいいから毎日同じ時間にアップする」と習慣化したら、それまで書き出しても数日しか続かなかったブログを、目標の3ヵ月間、休むことなく毎日書き続けることができました。

そして、もうひとつの方法は、ルール化することです。

「迷ったときはこう選ぶ」というマイルールを決めておくと、選ぶことがシンプルになります。

たとえば、「いま、楽しそうなほうを選ぶ」「よりチャレンジングなほうを選ぶ」などというふうに、人生の指針とも言える「選ぶ指針」を決めている人は、多くいます。

「あ、うまい！」と思ったのは、「迷ったときは、『やすいほう』を選ぶ」というマイルール。それを教えてくれた友人は、次のように言っていました。

「やすいはね、もちろん値段の安いもあるけれど、『〜しやすい』という意味。始めやすい、話しやすい、実現しやすい、試しやすいの『やすい』で選ぶと、迷わないの」

また、P&Gの友人は、次のような話を教えてくれました。

「新しいボスが来たときに、『My 10 belief』を書いた紙がチームに配られたんだけど、あれはよかったな。彼が何を気にするかがわかっていたから、これは相談すべきこと、これは必要ない、これは自分の判断ですべきなどと事前に選ぶことができたから、お互いに時間を効率的に使うことができて、仕事も有意義にできたと思うよ」

この「My 10 belief」の中身は、自分が大切に思うこと、意見が割れそうなときに自分が優先しようと思うことなどを書き出したものです。たとえば、「コストを削減するよりも売り上げアップを選ぶ」「最重要に考えるのは顧客の支持」というように。このように最初から明示しておくことで、何を優先して選ぶのか、何を重要視して物事を進めていくのか、お互いの視点や情報のすり合わせなどの話し合いの時間を減らすことができ、「選択肢となりえる案」のみに集中して効率的に仕事を進められるようになったとのこと。
このように、よい結果が出る「選ぶ判断軸」をもち、パターン化することは、より簡単に、よりすばらしい結果をもたらしてくれるのです。

3．あえて選ばない

これまで選ぼう、選ぼう、と積極的に選ぶことをおすすめしてきましたが、それは「わたしが幸せになる選択」のこと。「わたしの幸せ」にかかわらない、重要でない、つながらない選択は、あえて「選ばない」ことを選ぶことで、無駄に迷ったり悩んだり、結果に一喜一憂することもなく、日々の選ばなければならないというストレスから解放されます。

「わたしにとって重要ではない」「必要ない」と思ったことは、あえて選ばないという選択を、積極的にしましょう。

ある選び上手な友人に、いつも選ぶことを迷いがちな友人が聞きました。
「本当に、いつも迷わないよね。そんなにすべてを、論理的に考えて選べるものなの？
たとえば、レジの並びとかは？　そういうのも、ルールがあるの？

わたしなんて、いつもここが早そうと思って並んだときに、隣のレジのほうが早かったりして、イライラしちゃうの。わたし、選ぶ力がないなあって」

そんな問いに、選び上手で、かつ根っからの合理的性格の彼女は言いました。

「そんなのは、選ばない。だって、あまりにも不確定要素が多いでしょう？

そういう合理的でないことは、わたしは選ばないようにしてるの。

そんなことに頭を使うほうが労力が無駄だし。イライラするほうがばからしいじゃない。レジはなーんにも考えずに、たまたま目の前にあった列に並ぶわ」

なるほど、納得です。合理的選択ができない場合に、ロジカル選力を使って選んでも、イライラが募るばかり。そんなときは、選ばない、あるいは、エモーショナル選力で、「今日はなんだかここが好き」と選んだほうが、結果と関係なく気楽です。

「いま答えを出すべきでない」「いまは選べない」などと思ったときにも、期限を決めて、それまでは「選ばない」という選択もできます。

「なんとなく選べないから」「なんとなく選ぶのが面倒くさいから」と放っておきながら気になるよりも、スパッと「選ばない」と決めたほうが、心も頭もスッキリ晴れ晴れします。

もうひとつ、あえて選ばない選択法は、「プロにお任せ」すること。

自分よりもよい選択ができるだろう、よい結果を出せるだろう人（専門家や、その分野の知識や経験のある人）に、選ぶことをお任せすることもできます。

たとえば、メイクに自信がない人は、プロのメイクアップアーティストにお願いしたり、デパートの化粧品売り場でメイクサービスをしてくれるショップを利用してみるのもオススメです。やり方や、どんな商品を使えばいいかがわからなくても、プロにお任せすることで、一気に満足がいく自分に変身することができます。

ほかにも、洋服のショップスタッフ、ネイリスト、美容師、センスのいい知人、家電にくわしい人、ファイナンシャルプランナー、不動産屋さんやインテリアデザイナーなど、いろいろなプロ・セミプロがいます。

よくわからないことで、情報に振り回されて、自信がないままやってうまくいかない＝幸せではない、となるくらいなら、プロに任せましょう。その道のプロの知識や経験値に優るものはありません。自分が選ぶよりもよい選択ができるだけでなく、新しい情報やアイデアをもらえるメリットもあります。

選択の失敗を減らす 3つのヒント

HINT 1

どんどん選択肢を
減らしていこう

HINT 2

わたしなりの
選択ルールを決めて
パターン化してしまおう

HINT 3

「わたしの幸せ」に
つながらないものや
成果が出にくいものは
あえて選ばない

THE CHOICE

28

陥りやすい「クセ」を知り、選択のエラーを減らそう

本書の冒頭で、「走り方や話し方に『クセ』があるように、知らない間に染みついたクセを知り、正しいフォームを学ぶことによって、パフォーマンスがぐっと上がることもあります」とお話ししました。

たとえば、クロールで泳ぐとき、自分ではまっすぐ進んでいるつもりでも、右側の手のほうを強く掻くクセがあれば、だんだん左に寄っていき、顔を上げたときには、「どうしてこんなところに？」と自分のいる場所に驚くことがあります。

けれども、自分のクセに気づき正しいフォームに近づくこと、たとえばこの泳ぐ場合なら、右手が強いなら少し弱めようと修正することにより、想定したゴール地点にたどり着くことができます。

同じように、正しく判断して選んでいるように思っていても、知らず知らずの間に判断に偏りがあったり、選んだ結果をゆがめるような選び方のクセがあります。

選ぶときに、本当に事実なのか、自分の思い込みではないか、自分の主張に合う情報やデータ集めに偏っていないか、感情だけで突き動かされていないか……。一度立ち止まりましょう。浅い考えにとらわれたり、自分の気持ちに引っ張られすぎず、自分が選ぶときのクセをコントロールし、選択のエラーを減らしましょう。

ここで、陥りやすい選択のクセをご紹介します。

ありがちな選択のクセ❶「周囲に流される」

わたしたち日本人にとって、大きな壁となる選択のクセが、「周囲の目が気になる、周囲に合わせる」という特性です。

共感力、協調性、人間関係を大切にしたいわたしたち。「空気を読む」「阿吽の呼吸」「忖度」など、「読み取って合わせてよ〜」という意味をもつ慣用句は挙げればきりがないくらいです。

周囲に合わせず、自己主張することに対して、かなりハードルが高いと感じる人も多いはずです。

たとえば、次のようなシチュエーションで、あなたなら、どうしますか？

「あるバーに飲みに行ったとき、4種類のビール（ＡＢＣＤ）の中からひとつだけ試飲ができると言われました。あなたはＡのビールが飲みたいな、と思いましたが、ウェイターが一人ひとりに注文を聞いていくと、上司がＢと言い、続いて先輩もＢ、同僚もＢとオーダーします。さて、あなたはどれをオーダーしますか？」

ここでＡと言うのは、かなり勇気がいりますよね。

これは、行動経済学者のダン・アリエリー氏の「同調」に関する実験（＊10）です。集団意識の高いアジア文化圏の代表として調査された香港のあるグループは、仲間の注文に左右され、みなが同じビールを注文しました。そしてその結果、彼らの満足度は下がりました。自分が本当に飲みたいものを飲めなかったからです。

「周囲に染まらず違うことをしなさい」と言っているのではありません。

本当に飲みたいものを素直に頼みましょう。それだけです。

もちろん、自分にとってそれほど重要でない選択は、流されても大丈夫です。たとえば、「ビールの種類よりも飲めればＯＫ」とか（笑）

けれども、周りに合わせてばかり、流されてばかりでは、やはり自分の幸せ度は上がらず、決して幸せ上手に近づいたとは言えません。

たとえ小さな選択であっても、自分がハッピーなものを、自分優先で選べば、小さなハッピーがどんどん増えていきます。

ましてや、人生における、あるいは自分にとって大切な選択の場合であれば、なおさらです。

自分の人生の大切な選択は、人の目なんて気にせず、「わたしが幸せになること」を選んだほうがいい。

仕事においても「上役が言っているから」という理由ではなく、「ビジネス的に正しいことをちゃんと選ぼう」と言えるようになったほうがいい。

「人からどう見られるだろう」「どう思われているだろう」「空気を乱してはいけない」「みなに合わせなきゃ」と他人基準になりがちなクセを心のどこかで感じているなら、いまここから変えていきましょう。

このクセを直す処方箋は、「わたしの人生を生きるのはわたし」とオーナーシップ力を高めること。**わたしの快（心地よいこと、うれしいこと、楽しいこと）や、わたしの幸せに素直になることです。**

ありがちな選択のクセ❷
「手放せない」

長く付き合った彼と「結婚できない」とわかっているのに別れられなかったり。

いまの仕事が合わないと思っているのに新しい仕事を探すことを躊躇していたり。

長年よいと思って買っていたAサプリを、友人から「それ効かないってきいたよ。Bサプリのほうがいいよ」と勧められても受け入れがたかったり。

わたしたちは、いままでの環境を維持したい、変えたくないと思ったり、これまでかけてきた時間、お金、労力、資源などを考えて「報われたい」という気持ちが強くなったりします。それがうまくいかないとわかっていても、やめることができません。これまでの損失を確実な「損失」にしてしまうのが嫌だからです。

確かに、時間やお金、労力をかけたものを、どんな事情があるにせよ、やめる選択をするのはとても勇気がいります。

でもじつは、これから先に損失を生み出すほうが、リスクは大きく、もったいない！

わたしが働いていた前職のP&Gでは、3年以上かけたプロジェクトでも、テストマーケティングで結果が出なければ、世の中に出すことはしませんでした。お金も、かかわった人も、時間も努力も莫大だけれど、これまでかかったものよりも、確実に成果を出すことのほうが大切だからです。

いまの成果だけでなく、未来も続く成果が大切です。

「いまの現状を変えたくない」と現状維持の法則が心理的に働き、新しいものよりも、これまでと同じものを選んでしまう、これまでのことが無になるような気がして、いまにしがみついてしまうクセを続けていたら、未来が無になるかもしれません。

ということで、このクセを直す処方箋。

これまでの価値よりも、未来の価値を考えましょう。

手放しても大丈夫。心配はいりません。

未来のために、いまよりもっとよい選択をすればいいのだから。

ありがちな選択のクセ③「リスクが怖い」

わたしたちは、「得」もしたいけれど、それ以上に「損」をするほうがとっても嫌な生物です。

次のようなゲームをするなら、AとBのどちらを選びますか？

A：50％の確率で500円もらえますが、50％の確率で500円支払ってもらいます
B：50％の確率で1000円もらえますが、50％の確率で1000円支払ってもらいます

この実験（＊11）では、多くの人がAを選ぶそうです。

わたしたちは何かを得る喜びよりも、何かを失う痛みのほうをより強く感じます。これを「損失回避の法則」といいます。

特に、わたしたち女性という性は、リスクを嫌う傾向があります。

男性的特徴をもたらす男性ホルモン（テストステロン）は、冒険やチャレンジ好きでリスクを恐れません。一方子どもを産み育てる性である女性は、逆にそれらを避け、安心安全な環境をつくりたい生き物です。リスクを冒しながらも「最良」を求める男性に対し、「最悪」を回避するためにリスクを極力避けたいのが女性なのです。

その性から、過敏にリスクを嫌がるせいで、リスクや損にばかり気持ちが向き、選ぶことができなかったり、リスクを避ける選択をしがちです。

新しい一歩を踏み出すことを躊躇したり。これから先のことを不安にばかり思ったり。何か悪いこと、不幸なことが起こるのではないかとネガティブな想像ばかりした

り。

万が一を考えて準備をしておく危機管理能力はとても重要です。しかし、起こらないかもしれないことをずっと考えて、ただ不安や心配をしているだけのそれとは大きく違います。怖がってばかりで、999分の1の可能性や、よいことを見逃すなんて、もったいない！

このクセを直す処方箋は、

- **起きたらどうしようと心配するよりも、起きたときの対応を考えるほうに頭を切り替えること**
- **プロコンリストを書いて、メリットなどに目を向け、しっかり書き出すこと**
- **どんなリスクや損失や犠牲があるか、事実やデータ、数字で冷静に考える**

心配事や不安を、それが起こる可能性のあるレベル以上に考えすぎないようにしましょう。たまに当たるネガティブな予測のために、多くの時間を無駄にしないことです。リスクがゼロということはありえないので、「リスクも織り込み済みで」タイムリーに選びましょう。

選ぶときに陥りやすい いつものクセを知っておこう

ありがちな選択のクセ 1

周囲に流される

処方箋

「わたしの人生を生きるのはわたし」
わたしの幸せに素直になろう

ありがちな選択のクセ 2

手放せない

処方箋

いまよりも未来に価値をおきましょう
もっとよい選択肢を選びとればいいだけ

ありがちな選択のクセ 3

リスクが怖い

処方箋

- 起きたらどうしようと心配するより、起きたときの対応を考える
- プロコンリストを書いて、メリットに目を向ける
- どんなリスクや損失や犠牲があるか、事実やデータ、数字で考える

そのほかのありがちな選択のクセも知っておこう

・「決めつけ」グセ

「典型的」なことを、すべてに当てはめて判断しようとするクセです。

たとえば、「専門家の言うことだから正しい」「テレビで紹介された店のほうが美味しい」と決めつけたり、優等生と素行の悪い子がケンカをしていたら、「素行の悪い子が何かしたのでは？」と疑ってしまうなどです。

すべてそうとは限りません。事実を確かめる、その他の例を探してみるなどの行動をしてみましょう。

・「えこひいき」グセ

好き嫌いの感情に引きずられていませんか？　ロジカルに選ぶことが必要な場面で、感情だけに引きずられていると、いわゆる組織内の評価で起こるひいきや、好きなものに対してはそのリスクを過小評価する傾向が出てきます。公平な判断が必要なときは、ロジカルに、頭を使って考えることを意識しましょう。

●「結論ありき」グセ

自分の意見に肯定的な情報を集めてしまい、反対意見の証拠を無視したり、探す努力を怠っていませんか？

結論ありきでストーリー展開すると、情報収集時に偏りが生じてしまいます。「当たり」をつけるのはいいことですが、意識して、違う意見や反証もチェックしてみましょう。

●「簡易検索」グセ

入手しやすい、思い出しやすい目の前にある情報だけで判断していませんか？

たとえば、周りに転職している人が少ないと、その情報だけで、「転職なんてできない」「リスクが高いんだ」などと思ってしまうようなこと。でも、「17人に１人（２０１６総務省統計局）は転職している」と聞くと、割といるんだなあと思いませんか？　そう、転職でうまくいっている人もたくさんいます。

井の中の蛙にならず、視野を広くもち、自分の世界も広げましょう。

HIGH
PRIORITY
HIGH

情報が多ければ
判断が楽というものではない。

カール・フォン・クラウゼヴィッツ
（軍事学者）

STEP

6

もっと幸せに、
もっとわたしらしく
選ぶために

THE CHOICE

29

「わたしの幸せ」を選ぶために大切なこと❶「選び直し」

選択に失敗はない。また選び直せばいいだけ

せっかく選んでも、失敗したら?

選び間違えたら?

そう不安に思って、なかなか選べないとしたら?

実際に選んだ後に、選んだことを後悔してしまったら?

その時点はよい選択肢を選べていたのに、その後の環境変化や関係変化で、ハッピーでない状態になったら?

大丈夫。選び直せばいいだけです。

そう思えば、選ぶことが怖くなくなりませんか?

P55で、選び上手とは、「自分自身や自分の置かれた環境を、自分の力で変える能力

のこと」とお話ししました。

選ぶことは、よりよく変えること。選ぶことは、よりよく変わること。

それならば、「違う」と思ったら、再選択すればいいのです。

しかも、いまは、再選択がしやすい世の中です。

大きな選択のひとつである転職も、むしろ終身雇用制度が当たり前ではなくなった世の中では、どんどん積極的に選んでいっていいもの。また、離婚して再婚することも社会的に受け入れられています。

このような人生の大イベントさえ、再選択が可能なのです。

ちょっとした日常の選択は、どんどん選び直せばいいと考えていきませんか？

一度選択したことでも後悔しきり、反省しきりならば、頑なにその選択にしがみつく必要はありません。新たに選び直せばいいだけです。

たとえば、小さなことですが、せっかくのランチで、メニューやお店選びに大失敗することって、ありますよね。そんなとき、なんだかお腹も気持ち悪い感じがして、「なぜあの店に行ったのだろう」「なぜあのメニューを選んだのだろう」と選んだことを後悔をしていたら、ますますムカムカするばかり。だから、美味しいデザートで選び直し！　あるいは、夜に、確実に美味しい大好きなもので選び直しをします。

選び直すときは、捨てた選択肢を単純に選び直すよりも（もう一度ランチを食べ直すワケにもいかないし）、その後悔や反省をもとに、「新たな目的」に合うように、新しく選び直すようにしましょう。

選んだ結果を後悔するより「転機」と考えよう

これまでの人生で、自分が選んできたことに対して後悔することもあるでしょう。でも、後悔する必要はありません。失敗だったと思ったことも、じつは「転機」であったり、当時においては「正解」であったりするからです。また、たとえ失敗だったと評価したとしても、いまここから選び直せばいいと考えてみませんか？

わたしの例でお話ししましょう。

わたしが就職をした頃は、バブルがはじけ、就職超氷河期という時代でした。しかもそんなときに、情報収集力も、選ぶ力も全くなかったわたしは、フラフラとフランス留学を楽しんでいて、帰国したのが4年生になる直前。お恥ずかしいことに、4年生の4月から就職活動は始まるものだと思い込んでいたのです。でも実際は、3年生の秋から資料請求やエントリーが始まっていて、受ける企業もない状態。友人たちは、就職難といっても、自分のやりたい仕事を見つけ、志望の企業に入っていきました。それに対し、わたしがどうにか滑り込んだのは、あまり興味のない会社。正直、大失敗したという気持ちでいっぱいでした。

しかしそのおかげで、一年後、夢だったファッションブランドのプレスという仕事を選ぶことができました。もしも有名だったり、大きな会社に就職していたら、それなりに満足してしまい、夢を本気でつかもうとは考えていなかったと思います。

そして、この経験から、なんとなく職に就くのではなく「わたしの仕事をどうするか」を考えるベースができ、友人たちの中でも最も仕事にやる気のなかったわたしが、結婚しても、子どもを産んでも仕事を楽しんで続けるといういまの選択につなげられています。ですから、大学4年生のそのときに選択した就職先は「転機」であり、失敗ではなかったと言えるのです。

また、ある友人は、転職を選ばなかったことを、後悔していました。

彼女は、10年前に本社から新規に立ち上げる異業種の子会社への出向を打診されました。が、そのときは仕事に特に不満もなかったことから、そのまま残ることを選んだといいます。

けれども、いまでは本業の業界自体が斜陽産業で、立ち上げた子会社のほうが稼ぎ頭に。「いまのまま仕事を続けられるかわからないし、転職といっても同業他社はいまいる会社よりも厳しい状況。年齢を考えると、いまさら新しい業種に行くのも……あのときに子会社に移っていれば……」と、自分の下した選択に失敗したと後悔していました。

そんな彼女の話を聞いて思ったこと。

それは、「いえいえ、失敗ではなかったのでは」ということです。

10年前ならば、海のものとも山のものともわからない新しい業種にチャレンジするのはリスクも高く、「わざわざ安定した大手の職を手放さなくても」と考え、本社に残る選択をしたのは「最良」だったと思います。

さまざまな情報を分析して、伸びる分野だと想定できたかどうかも疑問です。

何より、友人自身、興味もありませんでした。

だから、10年後にその選択を失敗と評価し、後悔する必要はありません。

そのときの選択が悪かったのではありません。単に、時代が変わったのです。

後悔するならば、10年前に選んだ選択ではなく、その10年間に、積極的に他の選択肢や道を選んでこなかったことでしょう。彼女の場合、本社でキャリアアップの努力を続けていれば、斜陽の業界であっても保障されたポジションに就くことができたかもしれませんし、時代を読んでいればどこかのタイミングで子会社出向を願い出ることができたかもしれない。さらには転職のチャンスもあったはずです。

でも、ここで諦める必要もありません。

これから新たに選ぶことは、いくらでもできるから。

時代は刻々と変化します。

環境も変わります。

人も成長します。

周りも変わるし、自分も昔のままではありません。

後からわかった事実をもとに過去のことを評価するような、「どうにもならないこと」に感情や時間を使うなら、「選んだことを全力で正解にする」ほうがずっと生産的です。

過去に下した最良の選択も、時間やお金の都合、周囲の理解、能力が足りないなどの何か理由があって下した妥協の選択も、それをそのまま大切にしておく必要はありません。

選ぶことは、連続しています。

もっとよくなる選択をし続ければいいだけです。

選び続ければ、たとえひとつの選択に失敗があっても、人生そのものに失敗することはないのです。

選び続けることで
未来をつくることができる

選ぶことは、よりよく変えること
選ぶことは、よりよく変わること
違うと思ったら、再選択
人生が続く限り、選び続けよう

THE CHOICE

30

「わたしの幸せ」を選ぶために大切なこと❷「言葉」

自分にかける言葉を変えて、もっとハッピーになろう

選ぶことに自信がないとき、「やっぱり失敗したかもしれない」と不安に思ったり、後悔するときは、必ず訪れます。後悔したくないと思うから、なおさら選ぶことにハードルを感じ、選べないということもあります。

けれども、どんなに選ぶことが難しかったとしても、そのときエモーショナル選力とロジカル選力をしっかり使って、「わたしの幸せ」という大目的につながる、自分にとっての「最良」を選んだなら、大丈夫。それは、ハッピーな選択です。

そして、その選んだことに不安を感じるなら、全力で、その選択を肯定してください！　全力でその選択を正解にしてください。

自分で選んだことを、

「ちゃんとエモーショナル選力とロジカル選力で選んだ結果だ」

「そのときにふさわしい選択をした」

と、一度しっかり信じてあげるのです。

その上で、もっとよい選択や次の選択があるならば、再選択すればいい。

「下手な選択をした」と思って、ちまちまと選び直しても、「選択貧民スパイラル」に陥るだけです。その思考や感情では、よい選択ができる状態ではありません。

そんなときは、考え方を切り替えましょう。

そして、考え方を切り替えるために、言葉を変えましょう。

選んだ結果をネガティブに思う自分を受け入れることから始めよう

そうは言っても、やはり選択貧民スパイラルに入ってしまうことはあります。

そんなときは、「わたし、選んだことをちょっと後悔してるかも」「選択を誤ったと思っているかも」と、ネガティブな感情や思考も一度認めてあげます。無理やり気持ちをポジティブにもっていく必要はありません。

わたしは、とてもネガティブな性格だったので、どちらかというと、ものごとのマイナス面を見たり、いらぬ心配や不安を想像ばかりしていました。母によく「もっとポジティブに考えなさい」と言われるのですが、その方法がわからなかったのです。

たとえば、よくものの見方の例に挙げられる、コップに水が半分あるのを、「もう半分しかない」と思うか、「まだ半分もあると思うか」という質問。「まだ半分もあるとポジティブ思考で考えましょう！」と言われても、無理なんです。だって、わたしにはどうしても、「半分しかないお水」にしか見えないから。ものごとの見方は、そう簡単に変えることはできません。

でもいまは、半分しかないお水を選ぶとき、自分自身に次のように質問がけをして、ハッピーに変えることができます。

「もう半分しかないよね、残念。でも、それによって、よいことがあるとしたら、何があるだろう？」

そうすると、「お水は半分しかないから大切にしよう」と思ったり、「半分空いてるから好きなお酒を入れてカクテルにできる」といったアイデアが浮かんできたり、とてもよいことのように感じてくるんです。そうやって、一見失敗に思える「半分しか水が入っていないコップ」も、素敵な選択の結果にすることができます。

それでも水がいっぱい入ったコップのほうがやっぱりよかったと判断するなら、水を半分足すという選択も、いまのコップを返却して新たに選び直すということもできるかもしれません。


わたしたちは、思考も、使う言葉も、選ぶことができます。

行動は思考から生まれます。感情も思考でコントロールすることができます。

思考は言葉で行います。


ならば、人に向ける言葉、自分自身に向ける言葉を変えれば、考え方も感情もポジティブになるということ。


つまり、いまをハッピーに変えることができます。

では、次のように、自分に対して質問を投げかけましょう。

「この選択がよいと思ったときの感覚や感情は？　理由は？」

「この選択のおかげで、よいことがあるとしたら？」

「この選択によって、よいことが起きるとしたら？」

「この選択をもっとよくするために、これからできることは？」

先にお話ししたように、全力で選択を肯定するといっても、無理やり「この選択はいいんだ、いいんだ」と言い聞かせるようにしても、逆に心は反発を感じ、思考やアイデアをストップさせます。

言い聞かせるのではなく、質問で「よいこと探し」の思考にもっていくのです。気づきや発見は、新鮮に心に届きます。そのほうが、心から「よい選択をした」と信じられるのです。

「言霊」と言われるように、言葉はエネルギーをもちます。

自分に投げかける「質問」をうまく選んで、選択貧民スパイラルから抜け出し、いまの選択もこれからの選択も、もっとハッピーにしましょう。

選んだ結果を後悔したら「よいこと探し」をしよう

この選択をもっとよくするために、
これからできることは?

この選択がよいと思ったときの
感覚や感情は?理由は?

この選択によって、
よいことが起きるとしたら?

この選択のおかげで、
よいことがあるとしたら?

自分にかける言葉を変えて、
いまを、未来を、素敵に変えていこう

THE CHOICE

31

「わたしの幸せ」を選ぶために大切なこと❸「後悔しない」

いまも、未来も、わたしの幸せを選ぶことから

選び上手になるための第一歩は、「わたしの幸せを選ぼう」と、勇気をもって選ぶことからです。

これがないから、あれがないから、これができるようになったら、テストに合格したら、理想の仕事に就けたら、お金や家がもてたら、幸せになるわけではありません。

何もなくても、幸せを感じることはできます。

日々の中で、「幸せだなあ」と思うことを選ぶだけでいいのです。

「成功が幸せをつくるのではなく、幸せが成功を呼ぶ」とは、ハーバード大学の人気講座の教えです。ないものねだりをするよりも、いまあるものに目を向けて、当たり前のことに感謝することからはじめましょう。

明石家さんまさんの座右の銘であり、お嬢様のお名前の意味でもある「生きてるだけでまるもうけ」は素晴らしいなあ、と思います。いまこの瞬間を生きていることが幸せであり、感謝なのですから。

最後に、自分から選ぶことで、人生を幸せ上手で送ることができるという「真実のメッセージ」を送ります。

人生最後のときを過ごす患者たちの緩和ケアに携わった看護師が、彼らが口にする後悔の言葉をまとめた『死を前に語る後悔トップ5』(The Top Five Regrets of The Dying ＊12)の中に、選択にかかわることが2つも書かれています。

「期待に応えるよりも、『自分らしく』生きれば良かった」という後悔。

いくつもの夢があったのに、そのうちの半分も全力を尽くさないまま時間が過ぎ去ってしまうのです。そしてそれは、自分の選択次第だったと気づきます。

「自分をもっと幸せにしてあげれば良かった」という後悔。

死ぬ直前まで、「幸せは自分で選ぶもの」とは気がつくことができないのです。習慣やパターンにとらわれたまま、変化を恐れ、人にも自分にも「これで十分」と偽るけれど、心の底では本当に笑うことを願い、選ぶことを避けていたことを後悔します。

わたしたちは、言われれば当然のように思う「自分らしく」「自分を幸せに」を、日々意識して選び、行動しているでしょうか。わたしにとってのエッセンシャル（本質、上質、大切なこと）を選び、仕事やプライベートをもっと幸せなものにしようとしているでしょうか。

「わかっていること」と「意識してそのとおりに実行する」ことは別物です。

この『死を前に語る後悔トップ5』から、改めてそれを考えさせられます。

「Success is a choice.（成功は選択である）」

「人生は選択の連続であり、小さい選択や大きい選択の積み重ねが、その人の人生になっています。しかし、恐怖心から選択を先伸ばしにしたり、選択をしない人もいます。成功には理由があります。成功するかどうかは、選択にかかっています」

これは、クリス・リトル氏の著書〝The Accidental Salesperso〟にある言葉です。「選び方＝わたしたちの生き方」であり、「うまくいく秘訣＝選択」なのです。

これらの言葉を、充実した人生を生きるヒントとするならば、わたしたちはまず、「わたしらしく選ぶことを選ぶ」「幸せを選ぶことを選ぶ」ことから始めましょう。

そうして、日々の選択肢から、わたしらしく、わたしの幸せにふさわしいものを、タイムリーに、積極的に選び続けることで、自分らしい幸せな人生を実現していきましょう。

この本で説く「選び上手になる道」とは、人生が続く限りまい進し、磨き続けることができる道なのです。

いまこの瞬間から、「幸せを選ぶ」という意思をもって、わたしの人生のオーナーとして、その幸せに最も影響を与えるリーダーとして、エモーショナルとロジカルの選ぶ力をフル活用しながら、誰のものでもない「わたしの幸せ」を選んでいきましょう。

人生の最期のときに「自分をもっと幸せにしてあげればよかった」ではなく、「わたしはわたしを幸せにできた」と思えるように。

「いま」と「これからの未来」を
輝かせるワーク

いままさに人生最期のときを迎えようとしている、110歳のわたし。
科学技術の進歩により、15分間だけ過去に戻ることができます。

15分間だけ、いまのわたしに会えるとしたら、
どんなメッセージを伝えますか？

それにより、わたしの選択は
どのように変わりますか？

人生とは自分を見つけることではない。
人生とは自分を創ることである。

バーナード・ショー
（文学者）

●出典
＊1　「How to make choosing easier」（Sheena S. Iyengar Columbia University、TED、2011年）
＊2　「社会生活基本調査」（総務省統計局、2016年）
「それでも男性の育児休業が増えない理由」
（松田茂樹、第一生命保険株式会社「life Design Report Winter」、2012年）
＊3　「決断の科学」（Harvard Business Review 2006年4月号）
＊4　『選択の科学』（シーナ・アイエンガー、文藝春秋、2010年）
＊5　「The Effects of Choice and Enhanced Personal Responsibility for the Aged: A Field Experiment in an Institutional Setting」（Ellen Langer and Judith Rodin、Journal of Personality and Social Psychology、1976年）
＊6　「5 Surprising Ways Men and Women Sense Things Differently」（health.com）
「Sexual Dimorphism in the Human Olfactory Bulb: Females Have More Neurons and Glial Cells than Males.」（PLoS ONE、2014年）
＊7　「決断の科学」（Harvard Business Review、2006年4月号）
「The Amazing Teen Brain」（SCIENTIFIC AMERICAN、2015年）
＊8　「Very Happy People」(Ed Diener/Martin E.P. Seligman、Psychol Sci、2002年)
＊9　「When Choice is Demotivating: Can One Desire Too Much of a Good Thing?」
（Sheena S. Iyengar/Mark R. Lepper、Journal of Personality and Social Psychology、2001年）
＊10　『お金と感情と意思決定の白熱教室』（ダン・アリエリー／NHK白熱教室制作チーム、早川書房、2014年）
＊11　「Prospect theory」（Daniel Kahneman、Amos Tversky、1979年）
＊12　「Top five regrets of the dying」（Bronnie Ware、the Guardian、2012年）

●参考文献
『選択の科学』（シーナ・アイエンガー、文藝春秋、2010年）
『意思決定のトレーニング』（印南一路、筑摩書房、2014年）
『お金と感情と意思決定の白熱教室』（ダン・アリエリー／NHK白熱教室制作チーム、早川書房、2014年）
『きみの脳はなぜ「愚かな選択」をしてしまうのか　意思決定の進化論』（ダグラス・T・ケンリック、講談社、2015年）

おわりに

この本を手にとってくださり、ありがとうございました。いかがでしたか？
もっと素敵な未来を手にするために、専門家による難解な理論や思考法というかたちではなく、日常の中で具体的にどう「選ぶ力」を育むかを伝えたい。そしてそれを伝えられるのは、わたししかいない！　という使命感から、この本を執筆するにいたりました。

いままでになく、生き方を自由に選べるわたしたち。国も企業も、わたしたち女性が多様な生き方、働き方をすることを後押ししてくれているはず……なのですが、実際はどうでしょうか。わたしが企業の「女性活躍」や「ダイバーシティ」の推進、女性のための講座にかかわる中でとても残念に思うのは、その問題に、本気で戦略的に取り組む企業が多くはないという事実です。そして、そのようなポーズばかりの組織がある一方で、働く女性たち自身も、ときに「わたしなんて」と自分を必要以上に低く評価したり、目の前にある千載一遇のチャンスをつかまず、受け身で生きることを

この本に入れられなかった「選び方の秘訣」を
購買者特典としてプレゼント♪
https://17auto.biz/happychoice/registp.php?pid=3

選んでしまったり……。その姿を見て、もったいないなと感じることもしばしばです。

それだけ、「自由」ということは、難しいということなのでしょう。自由は素敵だけれど、自己責任も問われるから……。

けれども、この本で繰り返しお伝えしてきたように、自分を幸せにできるのは、自分しかいません。そして、わたしたち女性が活躍することは、「ウーマンリブ（女性の権利）」ではなく、わたしたちの「生き残り戦略」です。自ら考えて、能動的に選ばなければ、何も手にできない、何も満たされないままかもしれません。この変化の激しい世の中で、生き残るために必要な能力、それこそが「選ぶ力」です。

あなたが、自分にとっての「最良」を、「エッセンシャル（本質・上質）」を選びとることで、自分らしく人生をカスタマイズしていきながら、もっと素敵な自分と明るい未来を手にすることを、心から応援しています。

この本を書き始めてから、気づけば3年……。

3年以上も、この本にわたしと共に本気で取り組んでくださった編集の大山聡子さんをはじめ、ディスカヴァーのみなさん、家族や友人たちに心から感謝をこめて。

2018年8月　杉浦莉起

いつでも「最良」を選べる人になる
後悔しない「選び方」のレッスン

発行日　2018年　8月30日　第1刷

Author　杉浦莉起
Illustrator　古山菜摘
Book Designer　山田知子（chicoles）

Publication　株式会社ディスカヴァー・トゥエンティワン
〒102-0093　東京都千代田区平河町2-16-1 平河町森タワー 11F
TEL 03-3237-8321（代表）　FAX 03-3237-8323　http://www.d21.co.jp

Publisher　干場弓子
Editor　大山聡子

Marketing Group
Staff　小田孝文　井筒浩　千葉潤子　飯田智樹　佐藤昌幸　谷口奈緒美
古矢薫　蛯原昇　安永智洋　鍋田匠伴　榊原僚　佐竹祐哉　廣内悠理
梅本翔太　田中姫菜　橋本莉奈　川島理　庄司知世　谷中卓
小木曽礼丈　越野志絵良　佐々木玲奈　高橋雛乃

Productive Group
Staff　藤田浩芳　千葉正幸　原典宏　林秀樹　三谷祐一　大竹朝子
堀部直人　林拓馬　塔下太朗　松石悠　木下智尋　渡辺基志

Digital Group
Staff　清水達也　松原史与志　中澤泰宏　西川なつか　伊東佑真　牧野類
倉田華　伊藤光太郎　高良彰子　佐藤淳基

Global & Public Relations Group
Staff　郭迪　田中亜紀　杉田彰子　奥田千晶　李瑋玲　連苑如

Operations & Accounting Group
Staff　山中麻吏　小関勝則　小田木もも　池田望　福永友紀

Assistant Staff　俵敬子　町田加奈子　丸山香織　小林里美　井澤徳子　藤井多穂子
藤井かおり　葛目美枝子　伊藤香　常徳すみ　鈴木洋子　石橋佐知子
伊藤由美　畑野衣見　井上竜之介　斎藤悠人　平井聡一郎

Proofreader　株式会社東京出版サービスセンター
DTP　東京カラーフォト・プロセス株式会社

ISBN978-4-7993-2351-9　©Rita Sugiura,2018,Printed in Japan.